Société Asiatique.

RAPPORT

SUR

LES TRAVAUX DU CONSEIL

ET

L'EMPLOI DES FONDS

DE LA SOCIÉTÉ ASIATIQUE,

PENDANT L'ANNÉE 1827,

FAIT

DANS LA SÉANCE GÉNÉRALE DU 20 AVRIL;

SUIVI

DE LA LISTE DES MEMBRES DE CETTE SOCIÉTÉ,
DE CELLE DES ASSOCIÉS ÉTRANGERS,
ET DE SON RÉGLEMENT.

IMPRIMÉ,
PAR AUTORISATION DE M.GR LE GARDE DES SCEAUX,
À L'IMPRIMERIE ROYALE.

M DCCC XXVIII.

SOCIÉTÉ ASIATIQUE.

PROCÈS-VERBAL

DE LA SÉANCE GÉNÉRALE DU 29 AVRIL 1828.

LA séance s'ouvre à midi, sous la présidence de S. A. R. M.gr le DUC D'ORLÉANS.

On dépose sur le bureau les parties des ouvrages ordonnés par le Conseil, dont la désignation suit :

1.° *Traduction nouvelle du drame de Sacontala*, par M. CHÉZY, *in-4.°*

2.° *Modèle de l'impression adoptée pour le Dictionnaire mandchou*, par M. KLAPROTH, *in-8.°*

3.° *Additions et corrections au Vocabulaire géorgien*, par M. KLAPROTH, *in-8.°*

M. Abel-Rémusat, secrétaire de la Société, lit le rapport sur les travaux du Conseil pendant les derniers mois de l'année 1827 et les trois premiers mois de 1828. . . . .

M. Demanne, l'un des censeurs nommés dans la dernière séance générale, en son nom ainsi qu'au nom de son collègue M. Kieffer, annonce qu'il résulte de l'examen des comptes que la plus grande exactitude a régné dans la comptabilité. S. A. R. M.gr le Duc d'Orléans, après avoir consulté l'assemblée, déclare que les conclusions de ce rapport sont adoptées.

(Le rapport détaillé sur les recettes et les dépenses de l'exercice de 1827 sera imprimé incessamment et distribué à chacun des membres de la Société.)

Les personnes dont les noms suivent sont présentées et agréées comme membres de la Société :

MM. le comte Andréossy, membre de la Chambre des Députés ;

Duplessis, recteur de l'académie de Lyon.

Le baron Massias ;

Édouard Thayer, élève de l'École polytechnique.

Les ouvrages suivans sont offerts pour la bibliothèque de la Société :

Par M. Kieffer, *Bible en langue turque*, 1 vol. *in-4.°*, Paris, 1828. — Par M. Reinaud, *Description des monumens musulmans du Cabinet de M. le duc de Blacas*, tome I.er, 1 vol. *in-8.°*, Paris, 1828. — Par M. Marcel, *Chrestomathia chaldaïca*, 1 vol. *in-8.°*, Paris, 1803; *le Prophète Jonas, en syriaque*, 1 vol. *in-18*, Paris, 1802; *Fables de Loqmân, trad. de l'arabe*, 1 vol. *in-12*, 1803; *Alphabet irlandais*, 1 vol. *in-8.°*, Paris, 1804; *Oraison dominicale en diverses langues*, 1 vol. *in-4.°*, 1818. — Par M. Guigniaut, *la Vénus de Paphos et son temple*, broch. *in-8.°*, Paris, 1827; *le Dieu Sérapis et son origine*, br. *in-8.°*, Paris, 1828. — Par M. le baron Massias, *Lettre à M. Damiron sur un article de son* Essai sur l'histoire de la philosophie en France au XIX.e siècle, broch. *in-8.°*, 1828; *Lettre à M. le directeur du* Globe *sur l'existence des Jésuites en France*, br. *in-8.°*, 1828. — Par M. de Hammer, *IV.e Lettre sur les manuscrits orientaux qui se trouvent dans diverses bibliothèques d'Italie*, une feuille *in-8.°* — Par M. de Paravey, *Tableau des rapports des deux cycles à celui des animaux, aux saisons, élémens, &c. aux lettres, aux nombres*, 5 feuilles. — Par S. Exc. le Ministre des affaires étrangères, 47.e livraison des *Classiques latins*, 2 vol. *in-8.°* — Par la Société biblique de Paris, 71.e numéro de son *Bulletin mensuel*. — Par MM.

GERINGER et BURNOUF, 7.e livraison de l'*Inde française, in-fol.* — Par M. SPENCER SMITH, *Mémoire sur la culture de la musique à Caen et dans l'ancienne Normandie, &c.*, broch. *in-8.°*

M. SAINT-MARTIN lit un extrait de la correspondance de M. SCHULZ.

M. BROSSET lit un *Aperçu de l'histoire de la Géorgie et de la littérature géorgienne.*

(M. EICHHOFF devait lire des *Observations sur les rapports grammaticaux de la langue sanskrite avec la plupart des langues modernes de l'Europe ;* M. REINAUD, *le portrait de Zenghi*, d'après l'auteur de l'*Histoire des Atabeks*, et M. LANDRESSE, un *Mémoire sur les langues des îles Philippines :* l'heure avancée n'a pas permis d'entendre ces trois lectures.)

Les membres de la Société sont invités à déposer dans l'urne les votes pour le renouvellement de la série sortante des membres du Bureau et du Conseil : on procède ensuite au dépouillement du scrutin, dont le résultat présente les nominations suivantes :

Président du Conseil : M. le baron SILVESTRE DE SACY.

Vice-présidens : M. le comte DE LASTEYRIE et M. le comte D'HAUTERIVE.

Secrétaire-adjoint et Bibliothécaire : M. Eugène BURNOUF.

Trésorier : M. DELACROIX.

Commission des fonds : MM. WÜRTZ, FEUILLET, le baron DE GÉRANDO.

Membres du Conseil : MM. BURNOUF père, le comte AMÉDÉE DE PASTORET, HASE, KIEFFER, Son Excellence le comte PORTALIS, l'abbé DE LABOUDERIE, DEMANNE, Eugène COQUEBERT DE MONTBRET, QUATREMÈRE.

Censeurs : MM. REINAUD, CHÉZY.

La séance est levée à trois heures et demie.

Pour extrait conforme :

J. P. ABEL-RÉMUSAT,

Secrétaire.

RAPPORT

LU

PAR LE SECRÉTAIRE DE LA SOCIÉTÉ

LE 29 AVRIL 1828.

Monseigneur, Messieurs,

Les suffrages dont vous m'avez une seconde fois honoré, m'appellent de nouveau aux fonctions que j'ai remplies durant les cinq premières années de l'existence de la Société asiatique. Sans m'exagérer à moi-même ce qu'il y a de flatteur pour moi dans un témoignage de confiance que je dois en grande partie à votre indulgence, je crois du moins y trouver une marque d'approbation pour l'esprit qui a dirigé la composition des rapports annuels, et un encouragement à les continuer, sans trop m'éloigner de la forme que j'ai cru devoir leur donner dès l'origine. En effet, le rôle de celui qui doit passer en revue tant de travaux divers, les annoncer, en faire connaître l'importance et l'utilité, ce rôle est plus délicat et plus difficile encore que ne le serait celui du critique qui aurait à juger suivant ses lumières et à faire apprécier les mêmes travaux. L'impartialité la plus rigoureuse est tout ce qu'on a droit d'exiger de ce dernier : mais le rapporteur doit être plus réservé encore; car ce n'est pas son propre jugement qu'on lui demande, et ce n'est pas son avis qu'il doit dire. Consultant avec discrétion une opinion qui n'a point encore prononcé, il doit en faire pressentir les résultats, en écartant avec soin les idées particulières dont il peut être préoccupé, sur la direction la plus convenable à donner aux études philologiques, sur la préférence que méritent d'obtenir tel ou tel genre de recherches, telle ou telle branche de littérature. J'ai senti tout le poids des obligations que je viens de retracer; et si c'est là ce qui m'a valu votre choix, j'ose m'en glorifier sans m'en croire trop indigne, au moins par mes efforts : car je pense m'être rendu constamment attentif à m'effacer complétement, si je puis m'exprimer ainsi, pour laisser paraître ceux qui ont une véritable autorité; et, dans bien des occasions, j'ai sacrifié sans regret ma manière de voir, qui n'importait en rien à personne, pour y substituer celle des hommes éclairés qui forment la Société, et dont les décisions peuvent préparer celles du public.

Quant au plan qu'il convient d'adopter dans les rapports qu'on vient, tous les ans, soumettre à une assemblée telle que la vôtre, j'avais besoin aussi d'obtenir à cet égard votre assentiment; car j'ai craint quelquefois d'être sorti des bornes que me prescrivait votre réglement, en appelant presque également votre attention sur tous les travaux relatifs à la littérature orientale, soit qu'ils fussent nés dans le sein de la Société, ou qu'on les dût à des savans qui n'en font pas partie. Mais rien de ce qui intéresse les lettres asiatiques ne vous est étranger : vous accueillez avec la même satisfaction les ouvrages utiles, quel que soit le point du globe où ils ont pris naissance; et ces distinctions futiles, auxquelles les petits esprits attachent tant d'importance, disparaissent aux yeux d'hommes qui, comme vous, Messieurs, êtes animés par des vues libérales et par l'amour bien entendu des sciences. D'ailleurs, cette esquisse, toute imparfaite qu'elle est, du progrès des études orientales pendant la durée d'une année, prépare quelques matériaux pour l'histoire de la philologie, et donne une sorte d'intérêt à un résumé qui, aux époques où de nouveaux travaux n'ont pu être ordonnés, pourrait aisément être renfermé dans un petit nombre de pages.

Il serait aisé, cette année, de réduire ce compte rendu à quelques lignes, si je devais me borner à vous informer du nombre de feuilles d'impression qui ont été tirées depuis votre dernière assemblée générale. Plusieurs fois déjà j'ai mis sous vos yeux les motifs qui avaient décidé le conseil à ordonner la publication du vocabulaire et de la grammaire de la langue géorgienne, du drame indien de *Sacontala*, du livre de Mencius en chinois et en latin, et du dictionnaire mandchou-français. Je n'ai rien à ajouter à l'exposition de ces motifs, qui avaient inspiré à tous les membres de la Société le desir, partagé sans doute encore plus vivement par les auteurs, traducteurs ou éditeurs, de voir achever promptement des ouvrages qu'ils avaient recommandés avec chaleur, et qui avaient été reconnus utiles par le conseil. On ne peut donc supposer que les nouveaux retards que nous sommes obligés d'annoncer encore, proviennent de la négligence ou du refroidissement de ceux mêmes qui sont le plus directement intéressés à les faire cesser. Ce plaisir qu'on goûte à terminer un ouvrage commencé, cette récompense qu'on reçoit en livrant au public et aux étudians un travail depuis long-temps promis et attendu, sont trop vivement sentis, pour qu'on renonce volontairement à en jouir; mais les obstacles qui se succèdent et se reproduisent dans le cours des travaux de longue haleine, ne sont jamais plus nombreux que dans l'exécution de ceux qui exigent l'emploi des caractères orientaux. Ces obstacles sont la principale cause qui nous oblige à vous renouveler aujourd'hui des promesses, au lieu des effets que nous avions espéré de vous présenter.

L'impression du texte de *Sacontala* a exigé la plus grande partie du temps qui s'est écoulé depuis l'assemblée de 1827. Quand elle a été terminée, il a fallu s'occuper de la traduction française. Cette dernière est maintenant achevée; mais les notes qui doivent s'ajouter au travail de l'éditeur, demanderont encore quelques mois. Il faut remarquer que ces divers objets réunis formeront un volume in-4.° d'environ quarante feuilles, et deux années ne sont pas un espace de temps trop considérable pour une entreprise de cette étendue.

La quatrième partie du Mencius, et l'index qui doit y être joint, auraient pu d'autant plus aisément être finis pour l'époque où nous sommes, que la portion la plus longue et la plus pénible, la reproduction du texte par la lithographie, est achevée depuis long-temps; mais des occupations diverses n'ont pas laissé à M. Julien le loisir dont il aurait eu besoin pour compléter son travail. On doit sur-tout regretter cette circonstance, parce qu'elle n'a pas permis au jeune et savant auteur d'en entreprendre un autre, et d'obtenir ainsi de nouveau les suffrages que lui a valus son début dans la carrière de la littérature orientale.

Des difficultés purement typographiques ont retardé l'impression de la grammaire géorgienne et du dictionnaire mandchou : mais elles viennent d'être levées en ce qui concerne ce dernier ouvrage, qui est de beaucoup le plus considérable des deux. Les feuilles qui sont déposées sur le bureau montrent la forme que M. Klaproth a donnée à ce livre, dont nous avons, il y a quelques années, fait connaître en détail le mérite et l'importance. Vingt-cinq feuilles peuvent être imprimées dans le courant de l'année, et deux ans suffiront ainsi pour achever ce grand et beau travail, l'un de ceux dont l'absence s'est fait le plus sentir aux personnes qui cultivent la littérature et les langues de la Chine et de ses dominateurs actuels.

Les fonds de la Société utilement engagés dans ces diverses opérations doivent y rester assignés jusqu'à leur entier achèvement. Les règles de comptabilité que le conseil s'est tracées, et que vous avez confirmées par votre approbation, ne lui permettent pas d'ordonner à-la-fois tous les travaux qui lui paraissent recommandables. Il pourrait arriver, sans cette précaution, que plusieurs entreprises venant à se terminer au même moment, la Société se trouvât gênée pour acquitter ensemble les dépenses auxquelles elles auraient donné lieu. Au contraire, quand elles s'achèvent successivement, les produits que la vente des ouvrages qui ont paru les premiers ajoute aux ressources ordinaires, accroissent les fonds où l'on peut puiser pour les travaux subséquens. C'est à tenir constamment en balance ces deux sortes de valeurs que le conseil doit sur-tout s'attacher.

Il y a donc, d'un côté, d'utiles recherches à favoriser; de l'autre, des ressources pécuniaires à ménager: les moyens d'encouragement peuvent se présenter ailleurs en plus grande abondance. La multiplicité des objets à encourager peut causer parfois ici plus d'embarras; mais cet embarras a aussi son côté flatteur pour l'amour-propre national, et je ne sais quel est, de ces deux genres de richesses, celui dont il y a plus lieu de s'enorgueillir.

Les nouveaux arrangemens qui ont été pris cette année relativement au Journal asiatique, contribueront à l'accroissement des ressources de la Société. A cette occasion s'est vérifié ce principe applicable à tous les ouvrages de littérature, que ceux qui sont bons et utiles peuvent au commencement avoir besoin de secours, mais qu'ils finissent bientôt par aller tout seuls. Le journal avait d'abord exigé des sacrifices : il a maintenant cessé d'être onéreux ; et une concurrence avantageuse aux intérêts de la Société s'étant établie entre deux maisons de librairie, on a commencé à tirer de ce recueil quelques produits qui ne pourront que s'augmenter avec le temps. Ce changement est une preuve incontestable du succès que le journal a mérité et obtenu ; il offre en même temps un moyen de l'améliorer encore, puisqu'il sera permis, sans recourir aux fonds qui ont une autre destination, de mettre un peu moins de parcimonie dans les travaux de traduction, de rédaction, et dans les extraits qui exigent toujours quelques frais. Un autre genre de perfectionnement a eu lieu en même temps dans la forme même du journal. Chaque cahier était borné d'abord à quatre feuilles, espace trop resserré et dont on s'était plaint souvent avec raison. Le nombre des feuilles qui composeront annuellement le journal est dès à présent porté à soixante, ce qui permettra d'insérer dans chaque numéro des morceaux plus étendus, et dont on ne sera plus forcé de diminuer l'intérêt en les morcelant. Les presses magnifiques dont l'usage a été accordé à la Société, permettront d'atteindre, sous le rapport de l'exécution typographique, une élégance et une perfection, et, quant à l'emploi des types orientaux, un développement qui ajouteront de plus en plus à la valeur réelle de la nouvelle série. Toutes ces améliorations ont été obtenues, comme on devait le desirer, sans aucune augmentation dans la souscription des membres de la Société.

Indépendamment des avantages que je viens d'exposer, il en résultera d'autres encore, pour la librairie orientale, d'une disposition qui augmente les relations de la Société et qui la met en rapport avec plusieurs maisons de librairie. Ce n'est pas que celle de MM. Dondey-Dupré ait rien ralenti des efforts qui, dès l'origine de la Société, lui avaient mérité votre confiance, et lui avaient assuré la principale part dans ce qu'on pourrait appeler la partie commerciale de vos opérations. Beaucoup de soins et même de sacrifices pour se composer un fonds de librairie asiatique, plusieurs louables entreprises, l'acquisition d'un corps de copte, la publication d'ouvrages recommandables, tels que le *Magasin asiatique* de M. Klaproth, le *Recueil des mémoires relatifs à l'Asie*, du même auteur, diverses relations de voyages et quelques ouvrages de littérature, annoncent que MM. Dondey-Dupré sont loin d'avoir renoncé à cet échange de bons offices que les amis des lettres orientales ont entretenu jusqu'ici avec eux. Mais enfin la concurrence sur les choses a de bons effets qui sont au-dessus des considérations de personnes : le Journal asiatique en a créé une qui, sans être préjudiciable à vos imprimeurs-libraires, ne pouvait être négligée par ceux dans les mains de qui vous avez remis vos intérêts. Aussi les dispositions qui devaient avoir ce résultat avantageux ont-elles reçu l'approbation du conseil, quand la commission du journal lui en a soumis la proposition.

Les cahiers de ce journal qui ont paru depuis votre assemblée de 1827, soit qu'ils appartiennent à l'ancienne série, dont ils complètent les tomes X et XI, soit qu'ils fassent partie de la nouvelle, se recommandent également par un choix d'articles et de mémoires dont nous ne pouvons, comme à l'ordinaire, indiquer ici que les principaux.

Les noms des auteurs, ainsi que l'intérêt des matières, ont fait remarquer des observations très-curieuses de M. de Sacy sur les pratiques superstitieuses attribuées aux Druzes, et sur la secte des Nosaïriens ; deux mémoires de M. Quatremère, l'un sur des inscriptions puniques, l'autre sur la vie et les ouvrages de Meïdani ; un mémoire de M. G. de Humboldt sur la manière dont on doit séparer les mots samscrits que les Indiens ont coutume d'écrire de suite et sans distinction ; un fragment traduit d'Abul-ghazi par M. Jaubert ; un commentaire sur la géographie des pays voisins du Caucase, selon Strabon, par M. Klaproth ; un autre sur quelques parties de l'ouvrage de Marc-Pol, et une dissertation sur la langue des Tchouvaches, par le même auteur. Nous avons reçu d'intéressantes communications sur différens points d'histoire et de littérature, de MM. Tod, Fitz-Clarence, Lewchine, Rottiers : comme à l'ordinaire, MM. Reinaud, Garcin, Stahl, Dumoret, Fleischer, ont payé le tribut de leurs studieuses veilles au recueil que vous leur avez ouvert. M. E. Burnouf, entre autres articles de critique, a donné un rapport sur les dessins relatifs aux antiquités de l'Hindoustan, que M. Daniell a apportés de Londres, dans l'unique intention de les communiquer au Conseil ; et M. Brosset, l'un des premiers Français qui se soient occupés avec suite de la langue géorgienne, vous a, par ses premiers essais en ce genre, donné lieu de vous féliciter d'avoir compris cet idiome au nombre de ceux auxquels vous consacriez des soins particuliers et vos premiers encouragemens.

Au nombre des morceaux qui ont excité le plus d'intérêt dans les premiers cahiers de la seconde série du Journal asiatique, il faut placer les nouvelles circonstanciées du voyage de M. Schulz dans l'Orient, qu'on a tirées des lettres adressées par lui à l'un des membres du Conseil. On avait généralement applaudi au zèle qui avait porté ce savant Allemand à offrir ses services, et à l'empressement que M. le baron de

Damas, alors ministre des affaires étrangères, avait montré à les accepter et à lui confier une mission honorable, mais périlleuse, dont tous les dangers étaient pour le voyageur, et tout le profit pour la science et pour la nation qui s'assurait ainsi un noble privilége, celui de procurer des connaissances nouvelles à l'Europe civilisée. Ce que ses recherches ajouteront au domaine de l'histoire orientale, et la personne même du docte investigateur, seront en quelque sorte une double conquête que nous aurons faite à-la-fois sur l'Orient et sur le Nord. La France a toujours eu cet avantage, que le mérite et le talent y tiennent lieu de naturalisation; et tandis qu'en d'autres contrées, la préférence est acquise de droit au citoyen médiocre sur l'étranger distingué, notre patrie a constamment été celle des hommes qui lui promettaient des lumières et de la gloire. Né dans le pays des études graves et des travaux sérieux, riche déjà d'une instruction solide que les leçons de nos professeurs de Paris avaient encore étendue et développée, M. Schulz est parti pour le Levant, encore mieux préparé que les Norden et les Niebuhr. Aussi les fruits de ses recherches ne se sont pas fait longtemps attendre; et à Constantinople même, dans cette ville si souvent visitée par tant d'observateurs habiles et judicieux, il a trouvé matière à de véritables découvertes. La visite des bibliothèques publiques et l'inspection des catalogues lui ont révélé l'existence d'ouvrages d'une haute importance, et il nous a fait passer la liste de tous les livres d'histoire et de géographie qui se trouvent dans les principales collections de la capitale de l'empire ottoman. Plusieurs pierres et monumens persans, de la classe de ceux sur lesquels les recherches récentes de M. Lajard ont jeté un nouveau jour, se sont offerts à M. Schulz; et il en a fait l'acquisition ou la description, pris des empreintes ou des copies. A travers les difficultés de toute espèce que l'état des affaires d'Orient lui a opposées, et qui ont fait craindre un moment que le but de son voyage ne fût manqué, M. Schulz s'est décidé à se rendre à Trébizonde et à Arzroum. Il lui a fallu, dans plusieurs occasions, guerroyer de sa personne avec les tribus du Kurdistan; mais enfin les fruits qu'il a recueillis ont payé son courage et sa persévérance. Dans un rapport spécial, qui a été lu à l'Académie royale des inscriptions et belles-lettres, et qui sera sans doute rendu public, un de nos confrères (M. Saint-Martin) a indiqué les principaux résultats de cette première excursion. L'un des plus remarquables est sans contredit la découverte faite à Van, dans l'ancienne ville de Sémiramis, de quarante-deux inscriptions cunéiformes, dont quelques-unes occupent un espace de plus de cent pieds d'élévation, dont la plus moderne remonte peut-être au temps de Xerxès, et qui réunies contiennent trois fois plus de matière que tout ce qu'on connaissait en ce genre. De tels résultats sont propres à faire concevoir les plus hautes espérances d'une entreprise pour laquelle la nature et l'étude semblent avoir de concert formé l'intéressant voyageur à qui le succès en a été remis.

Il est d'autres voyageurs dont nous sommes accoutumés à compter les travaux comme des services rendus à la littérature orientale, quoique, en les considérant de cette manière, nous nous éloignions un peu du but élevé qu'ils ont eux-mêmes en vue et qui les ennoblit à leurs propres yeux. Le zèle des sociétés bibliques ne s'est pas ralenti; mais en reprenant les traductions déjà faites, pour les revoir, les corriger, les améliorer sous le rapport du style et de la typographie, en donnant ainsi naissance à des versions plus fidèles ou plus intelligibles, en publiant des textes plus épurés et des éditions plus élégantes, les missionnaires protestans servent de plus en plus la cause qu'ils ont embrassée; sans accroître dans la même proportion l'utilité littéraire des collections dont on leur est redevable. Ce n'est pas en général dans ces sortes de versions, sur-tout dans celles qui ont été rédigées un peu à la hâte, en ces dernières années, qu'on doit espérer de prendre des notions bien exactes et bien sûres du génie des langues et de leur système de phraséologie. Le principal avantage qu'on y trouve, quand on veut s'en aider comme d'un secours littéraire, c'est la réunion d'un nombre considérable de mots dont il est facile, à l'aide d'une concordance, de faire à volonté une sorte de lexique ou de glossaire biblique. Les traductions qui paraissent dans des langues ou dialectes encore inconnus, ont donc leur prix à nos yeux, indépendamment de la perfection plus grande qu'elles peuvent acquérir plus tard en ce qui tient au style. Voilà pourquoi nous insistons sur les publications de cette espèce, où, quelque imparfaites qu'elles soient, nous voyons une sorte de profit pour la philologie, lors même qu'il nous est impossible de donner une idée de tous les travaux de révision dont les productions plus anciennes sont devenues l'objet. C'est sous ce rapport seulement que nous comptons cette fois moins d'acquisitions nouvelles dans le résultat des efforts des sociétés bibliques, autant qu'il nous est possible d'en juger à l'époque de l'année où nous sommes parvenus.

Nous apprenons par le quinzième rapport de la Société biblique auxiliaire de Calcutta, qu'en 1826 14,959 exemplaires des Écritures et en tout 16,764 exemplaires des mêmes livres imprimés, soit en totalité, soit en partie, dans les langues de l'Orient, avaient été dist.ibués. « Après avoir ainsi répandu ces » trésors sacrés pour enrichir la terre, dit le rappor» teur, il est impossible de ne pas promener autour » de soi un regard d'impatience pour chercher les fruits » de cette semence. » Le Nouveau Testament, en arabe a été complété et revu avec soin dans le *collége de l'Évêque*. On a réimprimé la version hindouwi des Épitres et des Évangiles, d'après l'édition de M. Bowley. Les missionnaires anglais attachent, avec raison, une grande importance à tout ce qui peut perfectionner de plus en plus la version *ourdou* ou *hindoustani*, ou *hindouwi*. Si l'on possédait une fois une traduction complète et fidèle de la Bible dans ces dialectes si généralement répandus par tout l'Hindoustan, on aurait une base sur laquelle pourraient travailler, à leur tour, les traducteurs chargés d'interpréter les livres saints dans les divers dialectes provinciaux. Aussi s'est-on donné beaucoup de peine, non-seulement pour assurer à ces versions toute l'exactitude desirable, mais pour les mettre en rapport avec les besoins de la population dans diverses contrées de l'Inde, en les faisant imprimer d'abord avec les caractères persans, d'après l'édition de M. Martyn, puis avec les caractères nagris, et enfin avec ces derniers, mais en substituant dans le texte des mots d'origine samscrite aux termes arabes et persans qu'on n'entend pas dans toutes les provinces: c'est de ce dernier travail qu'on est redevable à M. Bowley.

Le seul ouvrage nouveau qui ait été entrepris, dans ces derniers temps, sous l'influence de la Société biblique de Calcutta, c'est la traduction des Psaumes en bengali par M. Yates. Les associations de même nature établies dans l'île de Ceylan, n'ont pas non plus fait de grands progrès depuis ceux que nous avons indiqués l'année dernière, au moins à en juger par les rapports déjà un peu anciens que nous avons sous les yeux; on a néanmoins ordonné l'impression de 2,500 exemplaires de la Genèse et de l'Exode dans la version singaloise revue. Les types singalois et barmans ont reçu des améliorations, et l'on pourra maintenant renfermer dans un *in-8.º* de grosseur moyenne ce qui remplissoit précédemment quatre volumes de format *in-4.º* L'Évangile de S. Mathieu a été imprimé en pali et envoyé dans le pays des Barmans pour y recevoir l'approbation des connaisseurs. On a fait une nouvelle édition tamule de la Genèse, d'après celle qui avait été publiée à Madras : ce livre se vend environ 15 sous de notre monnaie, ce qui ne représente que les frais d'impression et de brochure. MM. Jyvie s'occupent à Bombay d'une nouvelle édition des livres saints en guzarate. Les missionnaires américains se proposent de faire réimprimer la version mahratte à 5,000 exemplaires. C'est un phénomène remarquable assurément que ce concours de volontés et d'efforts de la part d'hommes nés aux deux extrémités du monde, et qui n'a pour objet et pour mobile ni l'intérêt, ni l'ambition, ni la gloire, mais un bien au-dessus de tous les intérêts et des motifs supérieurs à la gloire elle-même.

En Europe, les travaux commencés ont été poursuivis; quelques-uns même ont été amenés à leur fin. Du nombre de ces derniers est la *Bible turque*, imprimée à Paris, avec les voyelles, en 1 vol. *in-4.°*, par les soins de notre confrère M. Kieffer, et le *Nouveau Testament karschuni* et *karschuni-syriaque*, par ceux de M. de Sacy : M. Zohrab a préparé une nouvelle édition du *Nouveau Testament* en arménien vulgaire et en arménien littéral, ainsi qu'une édition séparée de la première de ces deux versions.

A Londres, M. le professeur Lee a continué la révision de la traduction persane dont nous avons parlé dans nos précédens rapports. MM. Tattam et Lee travaillent de concert à une publication des *Évangiles* en copte et en arabe, d'après l'édition copte de Wilkins, dont on a rapproché un manuscrit dans les deux langues, récemment trouvé en Égypte par M. Jowett. M. Platt va joindre les Épîtres en amharique aux Évangiles, qu'il a déjà donnés dans ce dialecte, d'après la version dont on est redevable aux recherches d'Asselin de Cherville. On a commencé une édition des *Évangiles* en syriaque, dans les caractères dont font usage les chrétiens nestoriens de l'église de Mousoul. La langue dans laquelle cette version est conçue ne diffère en rien du *peschito* ordinaire; les caractères nestoriens ont été gravés par les soins de M. Watts, imprimeur de la Société de la Bible, à Londres. Le texte provient de deux manuscrits que M. Wolff a acquis dans le voisinage de Mardin : il offre une version presque semblable à la version syriaque généralement connue, et c'est encore M. Platt qui dirige cette nouvelle publication, avec ce zèle qui semble inépuisable quand on le voit s'exercer à-la-fois sur tant d'objets différens.

Si des travaux qui se rapportent à la littérature sacrée nous passons aux ouvrages de littérature profane, les recherches qui ont eu pour sujet les idiomes auxquels on appliquait autrefois exclusivement le nom de langues orientales, se présentent au premier rang, comme tenant en quelque sorte le milieu entre les deux genres. M. Gesenius va bientôt publier la seconde livraison de son *Thesaurus linguæ hebraïcæ*; M. Sarchi a donné à Paris une grammaire hébraïque sur un plan nouveau. M Tattam annonce une grammaire copte, et l'on a parlé aussi de la réimpression d'un dictionnaire de la même langue: mais au point où en est venue cette branche d'études, il serait fâcheux qu'on se bornât à reproduire quelque ancien vocabulaire imparfait, quand il serait possible de livrer au public le dépouillement complet des manuscrits coptes, que M. Quatremère a exécuté au moyen d'un travail assidu de plusieurs années. M. Rosenmüller vient de donner à Leipzig le troisième cahier de ses *Analecta arabica*, lequel contient un morceau intéressant sur la géographie de la Palestine. On attend toujours avec impatience la publication de la *Chrestomathie arabe* de M. Kosegarten, qui doit être accompagnée d'un glossaire pour les commençans. Le plus célèbre des ouvrages qui portent ce titre a vu le jour à Paris, pour la seconde fois, avec des additions du plus haut intérêt. On doit nommer, immédiatement après cette importante collection, deux autres publications qui s'en rapprochent par la nature des compositions: l'une est l'*Anthologie arabe*, de M. Grangeret de Lagrange, choix de morceaux inédits, où se montre, à chaque page, avec la connaissance approfondie du bel idiome auquel ces extraits sont empruntés, cet enthousiasme réfléchi pour la poésie orientale que l'auteur a déjà eu l'occasion de faire éclater parmi nous; l'autre est le *Hamasa*, dont M. Freytag nous a envoyé la cinquième livraison, et dont l'édition continue de justifier et les prévisions favorables que les juges compétens en avaient conçues dès l'origine, et les encouragemens effectifs que le Conseil, d'après leur avis, s'est décidé à lui accorder. Le même savant n'en poursuit pas avec moins d'ardeur la composition de son dictionnaire arabe, qui ne doit plus, comme on l'avait annoncé, offrir une simple réimpression du *Golius*, mais former un ouvrage entièrement neuf, fruit des vastes lectures et des longues études du docte professeur de Bonn. Un de ses disciples, M. Johannsen, a déjà montré quel parti il a su tirer de ses leçons, en publiant une traduction latine, avec des notes géographiques, de l'*Histoire de l'Yémen* d'*Abd-errahman arrebi*. On a reçu le troisième volume du texte arabe des *Mille et une nuits*, que M. Habicht fait imprimer à Breslau. Notre confrère, M. Jaubert, en examinant, avec plus de soin qu'on n'en avait mis avant lui, un manuscrit de l'Édrisi appartenant à la bibliothèque du Roi, y a reconnu un texte de ce géographe arabe bien plus important que l'extrait publié par Gabriel Sionite, et supérieur peut-être au manuscrit de la bibliothèque d'Oxford, dont Hartmann a fait connaître des fragmens. La notice étendue qu'il en a rédigée sera sans doute une préparation pour une édition nouvelle, qui serait un véritable service rendu à la littérature et à la géographie, et c'en sera un autre du même genre que la traduction de l'*Histoire des Berbères*, entreprise par M. Lee, d'après un bon manuscrit d'*Ibn-Khaldoun*, qui existe à Cambridge. M. Senkowski, à Pétersbourg, a presque terminé son dictionnaire abrégé français-arabe. Notre confrère M. Caussin de Perceval vient de publier à Paris les deux premières parties du dictionnaire de feu Ellious Bocthor, lequel, ainsi que nous l'avons annoncé l'année dernière, doit paraître sous les auspices de M. le marquis Amédée de Clermont-Tonnerre.

M. Fræhn, toujours occupé des recherches qui ont déjà produit tant de résultats intéressans, s'est attaché à découvrir l'âge et la véritable patrie de ces médailles bilingues qui offrent une tête semblable à celle des monnaies sassanides, et que Tychsen attribuait aux chefs arabes des bords méridionaux de la Mer Caspienne. Revenant à l'opinion qu'il avait d'abord cru devoir combattre, M. Fræhn s'est convaincu qu'elles appartenaient aux princes du Tabarestan, contemporains du khalife Al-Mamoun, vers le milieu du second siècle de l'hégire. La dissertation que M. Fræhn a dû composer sur ce sujet curieux de numismatique orientale, ne nous est pas encore parvenue, non plus que les mémoires qu'il a soumis, l'année passée, à l'Académie impériale des sciences de Saint-Pétersbourg, sur les inscriptions de Derbend dont Oléarius et d'autres auteurs ont tant parlé, et sur la fameuse inscription de la porte de fer qui existe dans le monastère de Gelath en Imirette; nous attendons aussi une longue suite de mémoires où le même académicien a entrepris d'exposer les lacunes qui existent encore dans la numismatique musulmane, et les moyens d'y suppléer. On sait que des travaux analogues ont occupé ici

M. Reinaud ; il ajoute encore à l'idée avantageuse qu'on avait conçue de ses recherches en ce genre, par la publication du premier volume de sa *Description des monumens musulmans du cabinet de M. le duc de Blacas*, où se trouvent des notions générales sur les pierres que les Orientaux ont coutume de graver, sur l'usage qu'ils font des pierres gravées, sur les personnages dont ils y inscrivent les noms, et sur les inscriptions qu'ils y placent. Plusieurs particularités biographiques, relatives aux patriarches, aux imams, à Mahomet, ajoutent, dans ce volume, l'intérêt de l'histoire à celui de l'archéologie. L'auteur compte le faire suivre incessamment du second volume et des planches qui compléteront l'ouvrage : il espère aussi publier enfin cette année ses *Extraits des écrivains orientaux relatifs aux Croisades*. Ces divers travaux n'ont pas dû l'empêcher de suivre celui qui lui a été confié, et qui consiste à compléter une partie du catalogue des manuscrits orientaux du cabinet du Roi, en y faisant entrer ceux des manuscrits arabes, persans et turcs qui ont été apportés à la bibliothèque depuis la publication du catalogue imprimé. Les manuscrits arabes n'ont pas encore pu être classés ; mais parmi les manuscrits turcs et sur-tout persans qui composent le fonds des nouvelles acquisitions, il s'en trouve de très-importans, particulièrement en ce qui concerne l'Hindoustan. Un jour il sera possible de réunir ce nouveau fonds avec l'ancien fonds du Roi ; et si le catalogue en est rendu public, on verra que les pays les plus riches en ce genre n'ont pas de collection plus précieuse, comme il en est fort peu qui égalent nos collections de livres hébreux, coptes, arméniens, indiens, chinois, tartares et japonais.

Nous sortirions des limites que nous devons nous prescrire, si nous entreprenions la revue des ouvrages qui, ayant pour objet les peuples de l'ancien monde et les régions occidentales de l'Asie, appartiennent plutôt aux antiquités qu'à la littérature orientale proprement dite. De faibles liens rattachent aux sujets habituels de nos études ceux qui se rapportent aux temps où florissaient Tyr et Carthage, l'empire des Pharaons et la monarchie de Cyrus. Mais aux époques plus modernes, où le fil des traditions classiques vient à manquer, la philologie orientale y supplée en prêtant à la critique d'autres procédés et de nouveaux moyens d'investigation. La naissance de l'islamisme est l'événement qui marque la limite entre les deux genres, et l'origine de celui auquel la Société asiatique accorde sur-tout son attention. C'est sur cette limite même que vient se placer le travail entrepris par MM. Olzhausen et J. Mohl, puisqu'il consiste à réunir les passages des auteurs musulmans qui se rapportent à l'ancienne religion des Perses. Leurs recherches, qui s'appliquent sur-tout aux écrits où la rigidité mahométane a laissé subsister des traces et des souvenirs de la doctrine de Zoroastre, acquièrent un intérêt particulier dans un moment où tant d'efforts se dirigent, comme de concert, vers l'explication des croyances de la haute Asie, et tendent à éclairer l'origine des dogmes qui se sont répandus sur la plus grande partie de notre continent.

La littérature des Persans n'a pas été cultivée cette année avec moins d'activité et de succès. M. Johnson, professeur à Hayleybury, prépare une nouvelle édition du *Dictionnaire de Richardson*, et il annonce l'intention d'ajouter encore vingt mille articles à ceux dont M. Wilkins l'avait déjà enrichi. On a imprimé pour la première fois, à Calcutta, le texte des *Élémens d'Euclide*, traduits par le célèbre astronome Nasir-eddin de Tous. M. Sémelet, faisant servir la lithographie à l'un des usages qui peuvent le mieux recommander cet art aux yeux des savans, a pris la peine de rédiger une édition *autographique*, c'est-à-dire, écrite par lui-même, du *Gulistan de Saadi*; et si, comme on a lieu de l'espérer, la correction, qui est le principal mérite qu'il s'est proposé d'atteindre, distingue cette édition de celles qui l'ont précédée, l'honneur que l'auteur a obtenu en faisant paraître son travail sous les auspices de l'auguste protecteur de la Société asiatique, deviendra sa juste récompense.

Le comité de traduction récemment institué dans le sein de la Société royale asiatique de Londres, annonce l'intention de publier, outre quelques morceaux d'histoire et des *Contes à l'usage des femmes*, une version anglaise du *Bostan*. Un article intéressant sur la géographie de la Perse, par M. de Hammer, a trouvé place dans les mémoires d'une Société que des nœuds étroits attachent à la nôtre, et qui confond mieux encore l'objet qu'elle poursuit avec celui qui nous dirige, toutes les fois qu'elle jette de nouvelles lumières sur l'état physique ou moral des contrées asiatiques. Le même savant a livré à l'impatience du public deux des huit volumes dont doit se composer son *Histoire de l'Empire ottoman;* et sans doute, dans le besoin qu'on éprouve de posséder un tel ouvrage, composé par un tel auteur, l'eût-on déjà vu reproduire dans notre idiome, si l'imitation du style oriental, que comporte la langue allemande, n'y opposait des difficultés graves aux efforts d'un traducteur ordinaire. Trois cent cinquante pages, c'est-à-dire, environ la moitié du *Dictionnaire français-turc* de M. Rhazis, ont été imprimées à Pétersbourg. L'impression du *Vocabulaire français-turc*, à l'usage des commerçans et des voyageurs dans le Levant, par M. Bianchi, est parvenue à-peu-près au même point, et l'on peut espérer de jouir, avant la fin de l'année courante, de cet ouvrage vraiment important, qui doit suppléer à l'insuffisance des anciens vocabulaires de la même langue, et remplacer avantageusement l'immense et dispendieux glossaire de Meninski. Enfin un écrivain dont le nom a acquis dans la littérature asiatique une célébrité vraiment héréditaire, M. d'Ohsson, en composant une Description des pays voisins du Caucase, pour laquelle les recherches de plusieurs de nos confrères lui ont fourni d'utiles matériaux, s'est efforcé de donner à son ouvrage des formes animées qui pourront le recommander à un plus grand nombre de lecteurs, et qui ne nuisent pas même auprès des savans, quand l'intérêt du roman n'altère en rien l'exactitude de l'histoire.

La littérature indienne, ce monde nouveau où il reste tant à découvrir encore, a vu naître cette année presque autant de travaux que toutes les autres branches ensemble; et l'émulation qu'on observe entre les personnes qui la cultivent, permet d'espérer qu'on lui verra produire les plus heureux fruits. Déjà nous avons indiqué la vaste collection de dessins au sujet desquels M. Daniell, neveu de celui auquel on est redevable du plus bel ouvrage qui existe sur l'Inde, a desiré connaître d'avance l'opinion de la Société asiatique. D'admirables vues des principaux monumens de la presqu'île, et une foule de détails et d'ornemens dessinés avec la plus parfaite élégance, feraient de ce recueil un trésor également précieux pour l'art et pour la science. Sur une moindre échelle, M. Geringer a commencé la publication d'un ouvrage non moins utile, et qui a des titres particuliers à notre attention, puisqu'on y trouve représentés, avec toute la fidélité desirable, les divinités, les costumes et les habitudes des Indiens qui vivent dans les possessions de la France sur la côte de Coromandel, et les physionomies qui caractérisent les différentes races dont se compose la population. La première sorte de dessins a l'avantage de reproduire avec fidélité, sauf quelques corrections indispensables, les productions mêmes des peintres du pays ; les autres, réduits sur des portraits d'après nature que M. Geringer a peints lui-même sur les lieux, offrent un sujet d'études aux naturalistes qui cherchent à classer les races humaines d'après leurs traits distinctifs. Le texte explicatif qui accompagne les planches de l'*Inde française*, et où celui de nos confrères qui s'est chargé de le rédiger dépose les fruits d'une instruction solide et variée, assure à cette collection un genre de mérite qui manque souvent aux ouvrages pittoresques. Deux de nos correspondans momentanément établis dans la même contrée, MM. de Lesparda et Bellenger, promettent d'ajouter à nos connaissances, et l'on pourrait déjà tirer, des lettres de ce dernier, des renseignemens curieux, sur-tout en ce qui concerne les différentes branches de l'histoire naturelle. Nous aurons bientôt occasion de parler de ce qu'il a réussi à nous procurer sur l'Inde au-delà du Gange ; mais nous ne devons pas quitter l'Hindoustan sans faire une mention spéciale des travaux qui ont été ou terminés ou commencés sur les idiomes de cette région, et notamment sur le plus savant et le plus célèbre de tous, le samscrit.

La nouvelle la plus intéressante pour les amateurs de cette belle langue, c'est l'achèvement de la Grammaire de M. Bopp, de cet ouvrage dont le caractère vraiment original et approfondi assure à son auteur un rang éminent parmi ceux qui ont introduit en Europe cette branche de littérature. Il va maintenant procurer à sa grammaire une utilité plus générale, en la traduisant lui-même en latin : il veut de plus remédier à la rareté des dictionnaires samscrits, par la publication d'un glossaire de tous les mots qui se trouvent dans les livres imprimés en Europe dans cette langue. Déjà un de ses disciples, M. Rosen, est entré dans ses vues en mettant au jour le *Recueil des racines samscrites*, dont, l'année passée, nous ne connaissions encore que le programme, et qui peut, jusqu'à un certain point, tenir lieu du lexique de M. Wilson, dont la rareté et le prix augmentent tous les jours. M. Ewald, à Gœttingen, dont le beau travail sur la métrique des Arabes est généralement connu et estimé, et à qui l'on doit aussi une excellente *Grammaire hébraïque*, a publié un petit essai sur quelques-uns des anciens mètres des Hindous. Enfin, l'un de ces esprits faits pour éclairer les hautes régions de la philologie, après s'être exercé sur les rapports grammaticaux qui lient les langues de l'Inde aux idiomes classiques de l'Europe, vient d'ajouter aux considérations dont il a déjà enrichi ce point de doctrine, un parallèle de plusieurs temps verbaux, marqués par des formes analogues en grec et en samscrit, parallèle qui a été lu par l'auteur à l'Académie des inscriptions et belles-lettres, et qui exigeait une connaissance profonde des deux langues les plus savantes, mais aussi les plus compliquées, que les hommes aient jamais parlées.

D'un autre côté, les textes se multiplient avec les moyens d'en acquérir une véritable et parfaite intelligence. Le premier volume de l'édition critique du *Ramayâna*, par le célèbre professeur de Bonn, a dû paraître ces jours derniers. On a reçu les premières feuilles imprimées de l'*Hitopadésa*, où le même savant a consigné les résultats de la collation qu'il a faite de ce livre célèbre, sur les manuscrits de Londres, sur celui de Paris, et particulièrement sur un autre manuscrit qu'il doit à la complaisance de M. le baron Schilling de Canstadt. Cet antique recueil de fables, qui a été tant de fois étudié, traduit et commenté, sera, dans l'édition de Bonn, plus exactement publié que dans les éditions de Calcutta, et sur-tout dans celle de Londres, où se trouvent beaucoup de vers que l'éditeur, M. Hamilton, y a introduits sans autorité. Ce travail, commencé depuis long-temps, doit être achevé dans le courant de l'année : il comprendra une version latine et des notes, par M. de Schlegel. N'oublions pas que M. Loiseleur-Deslongchamps a offert au Conseil le commencement d'un travail sur le même livre, lequel a été accueilli très-favorablement. M. E. Burnouf n'a pas excité moins d'intérêt en annonçant l'intention de faire imprimer le texte de l'*Agni-Pourâna*, et d'autres extraits de ces anciens livres où sont renfermés tant de notions curieuses et de souvenirs intéressans. L'idée avantageuse qu'on s'est formée de ce recueil, sur le nom seul de son auteur, a fait accorder immédiatement à ce dernier la faculté qu'il a sollicitée de se servir, pour l'impression de son livre, des types samscrits qui appartiennent à la Société.

Mais l'une des publications faites pour produire le plus de sensation dans le public instruit, c'est sans contredit la *Collection des drames indiens*, traduits par M. Wilson, et réunis en trois volumes, qui contiennent six pièces entières et l'analyse de vingt-trois autres pièces, avec un *Traité sur la critique dramatique des Hindous.* On peut dire que cet ouvrage est la révélation d'un art dont on connaissait à peine deux productions en Europe : l'une, *Sacontala,* chef-d'œuvre de poésie et d'éloquence, mais pris dans le système idéal, et tenant un peu trop de l'idylle pour offrir une peinture fidèle du génie individuel des Hindous ; l'autre, méritant à peine le nom de *drame,* et présentant plutôt une dissertation psychologique, sous la forme d'un dialogue entre la conscience, l'intellect, le *moi* et autres êtres abstraits. Maintenant, grâce à M. Wilson, nous possédons le *Théâtre hindou*, sinon dans son entier, au moins autant qu'il nous était nécessaire de l'avoir pour juger tout-à-la-fois et la portée d'esprit des auteurs, et le goût littéraire, et les conventions qui président au développement d'une action, et les mœurs, et les traditions, et tout ce que le mot *théâtre* éveille dans l'esprit pénétrant d'un littérateur européen. Les Hindous ne connaissent qu'une seule unité, l'unité d'action ; la longueur des représentations, qui durent quelquefois plusieurs jours, les rend moins difficiles sur l'unité de temps ; et il y a telle pièce de *Bhavabhoûti,* célèbre poëte du VIIIe siècle, qui embrasse l'espace de douze années. Ils n'admettent pas davantage la distinction des genres; le comique et le tragique sont constamment mêlés dans leurs drames, mais cependant dans des proportions diverses. Les auteurs de poétiques qui sont venus après les poëtes, ont profité de ces différences pour créer des règles qui paraîtraient sans doute à nos critiques modernes, aussi arbitraires que celles d'Aristote, mais qui certainement reposent sur des observations moins profondes. Toutefois, si la théorie indienne est superficielle, la faute n'en est point aux auteurs dramatiques, et nous ne devons pas méconnaître l'art ingénieux avec lequel l'action est presque toujours conduite et soutenue jusqu'au dénouement. Ce mérite ne paraît pas moins dans les drames composés avant notre ère, que dans ceux du VIII.ᵉ siècle, et c'est le trait commun des ouvrages d'ailleurs très-variés que renferme le recueil de M. Wilson. C'est un fait très-remarquable que l'art dramatique ait été, pendant une période de douze siècles, cultivé aux Indes avec un succès presque égal; car il n'y a guère entre les ouvrages de Kâlidâsa et ceux de Bhavabhoûti (dans le VIII.ᵉ siècle) et de ses successeurs, d'autre différence que celle du style devenu plus travaillé et plus obscur dans les derniers. Mais si Kalidâsa est plus brillant et plus pur, Bhavabhoûti a plus d'ame et de profondeur; et si le premier a généralement plus de grâce dans les détails, le second l'emporte dans les tableaux des grandes scènes de la nature. Le beau recueil de M. Wilson va être traduit en français; il le sera sans doute dans toutes les langues; et cet ouvrage avancera nos connaissances sur l'Inde, plus que n'auraient fait des relations de voyages et de doctes dissertations.

Un des savans qui font le plus d'honneur à l'école de Bonn (M. Lassen), dans une dissertation géographique sur le *Pend-jab*, a donné un exemple du parti qu'une critique éclairée peut tirer, pour la géographie historique, de ces textes samscrits trop souvent réduits, dans l'usage qu'on en a fait jusqu'ici, à n'être que de brillans mais stériles témoignages du génie poétique ou romanesque des anciens Hindous. Des vues non moins dignes de l'approbation des esprits graves ont dirigé M. Langlois dans le choix de l'ouvrage auquel il a déjà consacré beaucoup de veilles : cet ouvrage est l'*Harivansa*, poëme de 25,000 vers, qui s'ajoute au *Mahabhârata* comme une sorte d'appendice, et où l'on trouve, avec beaucoup de légendes, de fictions de toute espèce, de notions religieuses et métaphysiques, les tables chronologiques des anciennes dynasties. La traduction complète d'un tel ouvrage, précédée d'un résumé historique des traditions qui y sont contenues, méritera à l'auteur une place distinguée parmi les savans qui auront contribué à dissiper le vague et l'obscurité dont s'enveloppent encore les antiquités indiennes. On devra les mêmes éloges à M. Todd, si, comme il y a lieu de l'espérer, les études qu'il a entreprises sur les inscriptions de l'Hindoustan, et sur les généalogies de familles régnantes de l'Inde occidentale, permettent de saisir le fil chronologique qui manque encore aux recherches de cette nature. Une série de questions proposées par la Société de Bombay, fait voir quels sont les objets sur lesquels l'attention des savans doit sur-tout se diriger : il y a de l'instruction à tirer de cet écrit, où l'on a si bien marqué ce que nous ne savons pas encore ; et c'est avoir servi la science que d'avoir montré les limites de nos connaissances, et la route qu'il faut suivre pour les étendre.

Ces limites sont journellement reculées par les études qui ont pour objet les langues provinciales de l'Inde, et les dialectes des pays voisins, au midi, au nord et à l'orient. Les recherches sur les idiomes de la partie méridionale de la presqu'île font dès à présent entrevoir des résultats d'un haut intérêt pour l'histoire; car c'est, au fond, par l'examen de ces idiomes qu'il sera possible de déterminer si la population indienne a de tout temps appartenu à la même race, ou si le samscrit, idiome conquérant, y a été porté à une époque ancienne, avec les institutions brahmaniques, par un peuple du nord qui aurait étendu son joug sur des tribus indigènes d'origine différente. Au nombre des ouvrages qui peuvent éclairer ces questions difficiles, il faut compter la grammaire pali de M. Clough, dont la publication avait été retardée, et qu'on s'est enfin décidé à ajouter aux observations sur la même langue que le zèle de deux de nos confrères avait antérieurement fait éclore en France. Aidé des utiles communications de M. le chevalier Alexandre Johnston, M. E. Burnouf se propose d'étendre et de compléter les considérations qu'il a déjà publiées sur cet idiome célèbre, de concert avec M. Lassen. Tout récemment, le même savant vient d'adresser au rédacteur du *Journal asiatique* une lettre où les propriétés du dialecte tamoul sont examinées sous ce rapport vraiment digne de fixer l'attention des amis des recherches historiques, et que nous indiquions il n'y a qu'un moment. A Madras, on a donné un double dictionnaire du haut et du bas tamoul, qui doit avoir été rédigé d'après celui du P. Beschi, dont on possède à Paris des manuscrits, et une version tamule d'une portion du *Ramâyana* de Valmiki.

La guerre des Anglais avec les Barmans a été l'occasion de quelques travaux qui jetteront beaucoup de jour sur la constitution des langues de la presqu'île orientale; et c'est ainsi que la science profite des circonstances mêmes qui pourraient inquiéter la politique et affliger l'humanité. M. Hough a composé un *Dictionnaire anglais-barman*, précédé d'un préambule intéressant, et M. Judson, un autre *Dictionnaire barman-anglais*, dans lequel on trouve la définition d'un très-grand nombre de termes appartenant à la doctrine des Bouddhistes. Un exemplaire de ce livre, encore rare en Europe, a été adressé à la Société par un de ses plus zélés correspondans, M. Bellenger, et il y a joint une statue de Bouddha en pierre dure, provenant d'un de ces temples du pays des Barmans, dont les troupes victorieuses ont transporté les dépouilles sacrées, en grande quantité, dans l'Hindoustan et jusqu'en Angleterre. En même temps, M. Bellenger a fait hommage à la bibliothèque du Roi de deux manuscrits qui ont la même origine: l'un est un exemplaire complet de cet ouvrage liturgique intitulé *Kammouva*, écrit en gros caractères noirs, sur des lames de carton doré; l'autre, plus précieux encore, est un des livres sacrés des Bouddhistes, intitulé *Angouttara*, et contient un dialogue entre *Bouddha* et son disciple *Ananda*, en pali, avec une traduction barmane.

Du côté du nord, il y a eu des progrès moins marqués, et l'on n'a fait qu'un petit nombre d'acquisitions nouvelles. Néanmoins on doit compter comme telles la grammaire nipole et sur-tout le dictionnaire tibétain, ouvrage de première importance, qu'on attendait plutôt de quelque savant russe, et que les Anglais du Bengale auront eu l'honneur de donner au monde savant. Ce dictionnaire, précédé d'un essai de grammaire tibétaine, a paru à Sirampour, par les soins réunis de MM. Marsmann et Carey. Les matériaux en avaient été compilés autrefois par les capucins que la congrégation de la propagande entretenait à Lahsa : ils ont été recueillis par un Allemand nommé Schrœter, et mis en anglais par les éditeurs. Quelque incomplets qu'ils puissent être, ils offriront un secours des plus précieux pour l'étude d'une langue à l'intelligence de laquelle tient le succès des recherches sur l'histoire de la religion de Bouddha, et sur les principaux points des antiquités de la haute Asie.

La littérature chinoise, cultivée maintenant avec tant d'ardeur par les Français et les Anglais, a commencé d'attirer aussi l'attention des Allemands; circonstance heureuse, qui peut tourner au profit des études philosophiques. M. Windischman a publié à Bonn un volume tout entier consacré à des vues sur l'esprit et le caractère de la nation chinoise. M. Schott a donné à Halle une traduction allemande, faite sur la version anglaise par M. Marshman, de la première partie du *Lun-iu;* et quoique ce volume ait été l'occasion d'une critique sévère de M. Lauterbach, on doit y voir, comme l'a remarqué, dans le recueil intitulé *Aussland,* un anonyme auteur lui-même d'un exposé très-étendu des doctrines chinoises, on doit y voir le présage d'une direction nouvelle des études orientales chez une nation qui sait faire tourner les progrès de la philologie au profit des sciences philosophiques. M. Klaproth a tiré des géographies chinoises de nouvelles lumières sur les sources de l'Irawaddi. M. Munch, qui n'a pas seulement appris en très-peu de temps à lire les livres chinois, mais qui, à l'exemple des lettrés de la Chine, a su se rendre habile à manier le pinceau, prépare une édition lithographiée d'un poëme composé de mille caractères tous différens, avec des notes explicatives. Il a de plus trouvé une solution très-élégante du problème de chronologie qui consiste à convertir les dates cycliques des jours dans l'histoire chinoise, en dates juliennes, et réciproquement. M. Landresse, occupé d'un travail sur les langues des îles Philippines, dont il doit offrir un specimen dans cette séance même, n'a pas laissé de continuer le dépouillement du grand dictionnaire japonais, pour lequel il a réuni 12,500 bulletins, environ le quart de l'ouvrage entier. M. de Malpierre a donné seize livraisons d'un ouvrage où les costumes, l'attirail des professions, les ameublémens et l'aspect des lieux publics sont représentés, souvent d'après des peintures originales, sur une suite de planches lithographiées d'un effet très-agréable. Enfin c'est plutôt une sorte de singularité qu'un fait important pour la littérature, que l'existence d'un journal anglais qui a commencé à paraître à Canton au mois de novembre dernier; ce qui, sans doute, influera très-peu sur les rapports qui existent entre les deux nations, mais ce qui montre quels sont aujourd'hui les premiers besoins des Européens transportés aux extrémités du monde.

Nous compléterons le tour de l'Asie que nous avons entrepris, en indiquant ce qui est venu à notre connaissance des ouvrages commencés par les savans de Pétersbourg, et ayant pour objet les nations des régions orientales et septentrionales. La munificence de l'empereur Nicolas a mis M. Schmidt en état de publier le plus important de tous, l'*Histoire des Mongols*, par Sanang-Setsen, et trente feuilles de ce livre capital sont déjà imprimées. Le même auteur a publié, sur les rapports du bouddhisme avec les opinions des gnostiques, une dissertation dont il sera curieux de comparer les résultats avec l'*Histoire cri-*

tique du gnosticisme, tout récemment livrée au public par M. Matter. L'archimandrite Hyacinthe a traduit du chinois une description topographique du Tibet, composée par un officier qui a pris part à la dernière guerre du Nipol. Enfin, M. Jarzoff a commencé une nouvelle traduction de l'historien Abulghazi, dont le texte, publié par ordre de feu M. le chancelier de Romanzoff, a été annoncé dans nos précédens rapports.

Dans cette énumération nécessairement superficielle et incomplète, quelque étendue qu'elle ait pu vous paraître, j'ai certainement omis, contre mon gré, et d'utiles publications, et des projets intéressans. Je n'ai pu rien dire de ces articles de philologie orientale, dont le patriarche de la littérature arabe n'a cessé d'enrichir le *Journal des savans.* Je n'ai pas parlé du nouveau volume des *Recherches asiatiques* de Calcutta, où M. Wilson a déposé, sur l'histoire du Kaschemire, d'après les auteurs indiens, le fruit d'investigations que de nouvelles découvertes vont le mettre en état d'étendre encore, ni des fascicules qui terminent le I.er volume des Transactions de la Société royale asiatique de Londres, et où se trouve le complément du beau travail de M. Colebrooke sur la philosophie des Hindous; ni de l'établissement d'un comité de traduction, lequel, sous la protection immédiate du roi d'Angleterre, se propose de faire imprimer les bons ouvrages sur l'histoire, les sciences et les belles-lettres de l'Orient, qui peuvent exister en manuscrit dans les bibliothèques des universités, au muséum britannique, à l'hotel de la compagnie des Indes, ou dans d'autres collections d'Europe et d'Asie. Enfin, je n'ai pas même indiqué la publication du onzième volume des *Notices et extraits des manuscrits*, par l'Académie royale des incriptions et belles-lettres, et où, à côté des mémoires intéressans de MM. de Sacy et Saint-Martin, on pourra remarquer, comme singularité typographique, le premier emploi d'un caractère *kata-kana*, gravé et fondu sur les dessins de l'auteur, pour une analyse de l'Encyclopédie japonaise.

Mais en finissant, je me reprocherais, Messieurs, de ne pas vous avoir rassurés sur le sort d'une vaste et imposante entreprise, dont, deux fois déjà, je vous ai annoncé le commencement, et qui, cette année encore, n'a pu être aussi avancée qu'on l'aurait desiré. Je veux parler de cette collection des historiens de l'Asie, que le Roi a voulu faire composer comme un monument consacré à la gloire de la littérature asiatique et de notre typographie orientale. Les retards qui excitent notre impatience ne doivent pas être imputés cette fois aux gens de lettres qui prennent part à l'exécution de ce projet, et moins encore à l'administration dont les soins, à cet égard, ont été au devant même de nos desirs; mais la cause en est dans la multiplicité des travaux qu'exigent, d'une part, la collation des manuscrits, la correction des textes, et l'interprétation d'ouvrages pour la plupart inédits jusqu'ici, et, de l'autre, les préparatifs indispensables pour assurer, sous le rapport typographique, l'uniformité desirable à toutes les parties d'une collection qui doit renfermer des livres arabes, persans, turcs, arméniens, indiens, &c. Quelques délais qu'aient entraînés ces préparatifs, que de temps ils eussent demandé, et combien de peines et de dépenses ils eussent imposées, si la volonté du monarque n'eût mis à la disposition des directeurs de la collection les ressources de toute espèce que, depuis Louis XIV, la munificence des rois s'est plue à accumuler à l'imprimerie royale, dans cet établissement vraiment digne d'une nation puissante et éclairée, et qu'on ne doit pas hésiter à classer parmi ceux qui font l'honneur de la capitale, qui sont l'objet de l'admiration comme de l'envie de nos voisins, et que les troubles civils ont respectés comme les invasions étrangères. Pour ne parler ici que du genre le richesses qui nous intéresse spécialement, n'est-ce pas une circonstance dont il est permis de s'enorgueillir, que de voir des associations anglaises confier aux presses royales l'impression des livres qu'elles destinent aux naturels des contrées lointaines de l'Asie? Le zèle religieux avait fondé l'imprimerie de la congrégation de la propagande: l'intérêt politique et commercial a élevé les ateliers typographiques du Fort-Williams et de Sirampour. L'amour des lettres, et une générosité dont, hors de France, on a quelque peine à comprendre le désintéressement, ont produit cette institution d'où l'on voit journellement sortir des livres imprimés dans toutes les langues de l'univers, comme les mêmes sentimens ont donné naissance à ces chaires où l'on enseigne publiquement tous les idiomes savans de l'Asie, à ces collections de manuscrits constamment ouvertes aux recherches et aux études des savans de tous les pays. L'imprimerie royale, le collége de France, la bibliothèque du Roi, créations du génie national aidé de la faveur des souverains, sont pour les sciences un triple trésor qui doit sur-tout être cher aux amis de la littérature orientale. Et, s'il est permis aux membres de la Société asiatique de nommer après ces nobles fondations celle qui leur doit son existence, c'est dans ces occasions solennelles où la protection sur laquelle repose notre avenir se montre d'une manière si éclatante, où un prince ami des lettres honore nos travaux en venant y prendre part, et où, grâce à l'appui que nous en recevons, la réunion de tant d'hommes studieux peut aspirer à prendre rang parmi les institutions qui contribuent au progrès des lettres, au perfectionnement des connaissances et à la gloire de la patrie.

(par Abel Rémusat)

TABLEAU

DU CONSEIL D'ADMINISTRATION,

Conformément aux nominations faites dans l'assemblée générale du 29 avril 1828.

Président honoraire.

S. A. R. M.gr LE DUC D'ORLÉANS.

Président.

MM. Le baron SILVESTRE DE SACY.

Vice-présidens.

Le comte DE LASTEYRIE.

Le comte D'HAUTERIVE.

Secrétaire.

ABEL-RÉMUSAT.

Secrétaire-adjoint et Bibliothécaire.

Eugène BURNOUF.

Trésorier.

DELACROIX.

Commission des Fonds.

WÜRTZ.

FEUILLET.

Le baron DEGÉRANDO.

Membres du Conseil.

Le baron DE HUMBOLDT.

KLAPROTH.

MM. Le baron PASQUIER.
Le duc DE RAUZAN.
RAOUL-ROCHETTE.
EYRIÈS
CHÉZY.
REINAUD.
Amédée JAUBERT.
SAINT-MARTIN.
Le baron COQUEBERT DE MONTBRET.
AGOUB.
Le marquis DE CLERMONT-TONNERRE.
COUSIN.
GRANGERET DE LA GRANGE.
BURNOUF.
Le comte Amédée DE PASTORET.
KIEFFER.
HASE.
Le comte PORTALIS.
L'abbé DE LABOUDERIE.
DEMANNE.
Eugène COQUEBERT DE MONTBRET.
Étienne QUATREMÈRE.

Censeurs.

REINAUD.
CHÉZY.

Agent de la Société, M. CASSIN, au local de la Société, *rue Taranne*, n.° 12.

N. B. Les Séances du Conseil ont lieu le premier lundi de chaque mois, à sept heures et demie du soir, rue Taranne, n.° 12.

LISTE

DES MEMBRES SOUSCRIPTEURS,

PAR ORDRE ALPHABÉTIQUE.

S. A. R. M.gr LE DUC D'ORLÉANS.

MM. Abro (Étienne), à Alexandrie.

Agoub, professeur de langue arabe au collége royal de Louis-le-Grand.

Le comte Andréossy, membre de la Chambre des Députés.

Audiffret, attaché au Cabinet des manuscrits de la Bibliothèque du Roi.

Aymond de Montépin.

Babinet, professeur de physique au collége de Saint-Louis.

Benoist (François-Balth.), régent de rhétorique.

Bérard, maître des requêtes.

Berghauss, professeur à Berlin.

Berr (Michel), homme de lettres.

Bianchi, secrétaire-interprète pour les langues orientales, au ministère des affaires étrangères.

MM. Le duc DE BLACAS D'AULPS, pair de France, ambassadeur à Naples.

DE BLAINVILLE, membre de l'Institut.

BOBROWSKI (Michel), professeur à l'Université impériale de Wilna.

Le baron DE BOCK, conservateur des forêts.

Le docteur BŒKEL.

Le général BOISSEROLLE.

BOUVRAIN, ancien professeur.

Le chevalier BRICE, ingénieur géographe.

DE BRIÈRE, homme de lettres.

Le duc DE BROGLIE, pair de France.

BROSSET, homme de lettres.

BRUÉ, géographe.

BRUGUIÈRE, intendant militaire à Angoulême.

BURNOUF père, lecteur et professeur royal au Collége de France.

Eugène BURNOUF fils.

Le chevalier BYERLEY.

L'abbé CABANÈS.

Le duc DE CADORE, pair de France.

Le rév. CALDWEL, à Versailles.

CALTHROP (Henri), du collége Corpus-Christi, à Cambridge.

Le baron VAN DER CAPELLEN, ancien gouverneur des Indes orientales hollandaises, président honoraire de la Société des sciences de Batavia.

MM. CAUSSIN DE PERCEVAL fils, professeur d'arabe vulgaire à l'École spéciale des langues orientales vivantes.

La comtesse VICTORINE DE CHASTENAY.

Le vicomte DE CHATEAUBRIANT, pair de France.

Le marquis DE CHATEAUGIRON.

CHAUMETTE DES FOSSÉS, consul général à Lima.

CHÉZY, membre de l'Institut, professeur de samscrit au Collége royal de France, et de persan à l'École spéciale des langues orientales vivantes.

Le comte DE CLARAC, conservateur du Musée.

Le marquis DE CLERMONT-TONNERRE, colonel d'état-major.

COLLOT, directeur de la Monnaie.

COOK, ministre du St Évangile.

COOMBS, lieutenant-colonel à Londres.

Le baron COQUEBERT DE MONTBRET, membre de l'Institut.

Eugène COQUEBERT DE MONTBRET fils, attaché au ministère des affaires étrangères.

COUSIN, professeur de philosophie à la Faculté des lettres.

CROGGON, ministre du culte anglais, à Corfou.

Le baron CUVIER, conseiller d'état, membre de l'Institut, secrétaire perpétuel de l'Académie royale des sciences.

DAHLER, professeur de théologie à la Faculté de Strasbourg.

MM. Le baron DE DAMAS, pair de France, gouverneur de S. A. R. M.gr le duc de Bordeaux.

Le baron DEGÉRANDO, conseiller d'état, membre de l'Institut.

DEJEAN, professeur de langues orientales au collége Louis-le-Grand.

DELACROIX, ancien notaire, propriétaire à Ivry.

Le baron Benj. DELESSERT, ancien député, banquier.

DELESSERT (François), banquier.

DELORT, sous-chef de division au ministère de l'intérieur.

DEMANNE, l'un des conservateurs-administrateurs de la bibliothèque du Roi.

DÉSAUGIERS aîné, ancien consul de France.

DESBASSYNS DE RICHEMOND (Eugène), commissaire ordonnateur à Pondichéry.

DESGRANGES, secrétaire-interprète du Roi pour les langues orientales.

FIRMIN DIDOT fils, imprimeur-libraire.

DONDEY-DUPRÉ, imprimeur libraire.

Le chevalier W. DRUMMOND, à Naples.

Lady DRUMMOND, à Naples.

DUBEUX, employé à la bibliothèque du Roi.

L'abbé DUBOIS, ancien missionnaire au Maysoure.

DUBOIS DE BEAUCHÊNE (Alphonse).

DUCLER, commissaire de la marine, administrateur à Karikal.

DUMORET, élève de l'École des langues orientales.

MM. DUPLESSIS, recteur de l'Académie de Douay.
DUPRÉ (Louis).
DUREAU DE LAMALLE, membre de l'Institut.
DURSCH, docteur en philosophie, à Tubingue.
DUSSON, avocat.

Le baron D'ECKSTEIN.
EICHHOFF, docteur ès lettres.
ELPHINSTONE (J.-J.), à Londres.
ERDMANN, professeur à l'Université de Casan.
VAN ESSE (Léonard), docteur en théologie, à Darmstadt.
EYRIÈS, géographe.

Le comte FABRE DE L'AUDE, pair de France.
FAESCH (J.), à Amsterdam.
FEUILLET, bibliothécaire de l'Institut.
Le colonel FITZ-CLARENCE, à Londres.
FLEISCHER.
FOOTE, docteur-médecin.
Le marquis DE FORTIA D'URBAN.
FOUINET (Ernest).

GADI, juge au tribunal civil de Versailles.
GALLOIS, conseiller maître à la cour des comptes.
Le chevalier DE GAMBA, consul de France à Téflis.
GARCIN DE TASSY, homme de lettres.

MM. GAULTIER, ancien administrateur général des subsistances.

GESTAT (Théodore).

GIBON, professeur à l'École préparatoire.

L'abbé GLAIRE, professeur d'hébreu.

GRAEBERG DE HEMSOE, consul général de Suède, à Tripoli.

GRANGERET DE LAGRANGE, sous-bibliothécaire à l'Arsenal.

DE GRÉGORI.

GROS, professeur au collége royal de Saint-Louis.

GUERRIER DE DUMAST, intendant militaire.

GUIGNIAULT, ancien professeur à l'École normale.

GUYS (C.-E.), vice-consul de France à Lattaquié.

DE HAMMER, professeur à Vienne.

HASE, membre de l'Institut, professeur de grec moderne à l'École spéciale des langues orientales vivantes.

HASSLER (Conrad-Thierry), à Ulm.

Le comte D'HAUTERIVE, conseiller d'état, membre de l'Institut.

HENRY, professeur de langues, à Londres.

Le vicomte HÉRICART DE THURY, conseiller d'état.

HERNOZAN, négociant à Téflis.

HOFMANN, professeur à Stuttgard.

MM. HOLMBOE, secrétaire de la Bibliothèque de Christiania.

Le baron DE HUMBOLDT (Alexandre), membre de l'Institut.

Le chevalier D'ITALINSKY, ministre de S. M. l'empereur de Russie à Rome.

JAKSON (J. Grey), ancien agent diplomatique à Maroc, membre de l'académie à Caen.

JAUBERT (Amédée), professeur de turc à l'École spéciale des langues orientales vivantes.

JOMARD, membre de l'Institut, commissaire du gouvernement près la commission d'Égypte.

JOUANNIN, premier secrétaire interprète du Roi.

Le comte DE JOUFFROY (Achille).

JOWETT, agent de la Société biblique à Malte.

JULIEN (Stanislas), sous-bibliothécaire à l'Institut.

JULLIEN, ancien inspecteur aux revues, directeur de la *Revue encyclopédique*.

KIEFFER, premier secrétaire-interprète du Roi pour les langues orientales, professeur de turc au Collége royal de France.

KLAPROTH (Jules).

KOUCHELEV-BESBORODKO, chambellan de S. M. l'empereur de toutes les Russies.

KUNKEL (Pierre-Antoine).

KURZ (Henri), docteur en philosophie.

MM. Le prince LABANOFF DE ROSTOFF.

Le comte Alex. DE LABORDE, député, membre de l'Institut.

L'abbé DE LABOUDERIE, chanoine honoraire de Saint-Flour, vicaire général d'Avignon.

Le vicomte LAINÉ, pair de France, membre de l'Institut.

LAJARD (F.), receveur de l'arrondissement de Saint-Denis.

L'abbé LANCI, professeur d'arabe au collége de la Sapience, à Rome.

LANDOIS, professeur au collége Saint-Louis.

LANDRESSE (E. A. X. Clerc).

LANGLOIS, professeur au collége royal de Saint-Louis.

Le comte LANJUINAIS, pair de France.

Le comte DE LASTEYRIE.

Le comte DE LAVAL, conseiller d'état de S. M. l'empereur de Russie.

LEBOUCHER, professeur au collége de Charlemagne.

Le comte DE LENNOX, capitaine instructeur de cavalerie, à Saumur.

LETRONNE, membre de l'Institut, inspecteur général de l'Université et des écoles militaires.

LEVASSEUR.

LEWCHINE, conseiller de cour de S. M. l'empereur de Russie.

LITTRÉ fils.

MM. LOISELEUR DES LONGCHAMPS (Auguste).

MABLIN, sous-bibliothécaire de l'Université.

MACCARTHY, professeur d'anglais de S. A. R. Mademoiselle.

MAC-GUCKIN, de Dublin.

MALDOOM, de Dublin.

MAHARG (John), à Dublin.

MARCEL, ancien directeur de l'Imprimerie royale.

MARCESCHAU, vice-consul de France à Tunis.

MARSDEN (William), à Londres.

Le baron MASSIAS.

MENGE, de Lubeck.

MICHAUD, membre de l'Académie française.

MILON, sénateur, à Nice.

MOHAMMED-ISMAEL-KHAN, de Chiraz.

MOHL (Julius), de Stuttgardt.

L'abbé duc DE MONTESQUIOU, pair de France, membre de l'Institut.

MORIS, homme de lettres.

Le baron DE MORTEMART-BOISSE.

Le baron MOUNIER, pair de France, intendant général des bâtimens de la couronne.

Le docteur MUNCH.

La duchesse DE NARBONNE.

Le baron DE NERCIAT.

NICOLL, prof. d'hébreu à l'Université d'Oxford.

DE NOVILLE (Alexandre), à Nice.

MM. ŒLSNER, conseiller de légation de S. M. le roi de Prusse.

ORR.

OUTREY (Georges), vice-consul de France à Rhodes.

GORE-OUSELEY, ambassadeur d'Angleterre à la cour de Perse.

DE LA PALUN, chancelier du consulat de France à Nice.

DE PARAVEY, membre du corps royal du génie des ponts et chaussées.

Le docteur PARTHEY.

Le baron PASQUIER, pair de France.

Le comte DE PASTORET (Amédée), membre de l'Institut.

PELLASSY DE L'OUSLE, chef d'institution.

PICKFORD (J.-H.).

Le comte PILLE, lieutenant général.

PONCELET, professeur à la Faculté de droit.

PONS-DEJEAN, répétiteur pour les langues orientales au collége Louis-le-Grand.

Le baron PORTAL, pair de France.

Le comte PORTALIS, pair de France.

POUGENS, membre de l'Institut.

POUQUEVILLE, membre de l'Institut.

Le général comte POZZO DI BORGO, ambassadeur de Russie à la cour de France.

PUSICHS, ancien interprète dans le Levant.

MM. QUATREMÈRE (Étienne), membre de l'Institut, professeur d'hébreu, de chaldaïque et de syriaque au Collége royal de France.

RADIGUEL.

DE RAINEVAL, ambassadeur de France en Suisse.

Le duc DE RAUZAN, ambassadeur à Lisbonne.

REGNIER, homme de lettres.

REINAUD, employé au cabinet des manuscrits orientaux de la bibliothèque du Roi.

ABEL-RÉMUSAT, membre de l'Institut et de l'Académie royale de médecine, professeur des langues chinoise et tartare au Collége de France, l'un des conservateurs-administrateurs de la bibliothèque du Roi.

REY, membre du conseil général des manufactures, maire du sixième arrondissement.

RITTER, professeur à Berlin.

RAOUL-ROCHETTE, membre de l'Institut, professeur d'archéologie, l'un des conservateurs administrateurs de la bibliothèque du Roi.

ROSEN, docteur en philosophie.

DE ROSSEL, membre de l'Institut, directeur général du dépôt des cartes et plans de la marine.

ROUBAU (Hippolyte), à Grasse.

Le comte Théodore DE RUMIGNY.

SCHLEMMER, docteur en droit.

Le baron SILVESTRE DE SACY, membre de l'Institut, professeur de persan au Collége royal de France, et d'arabe à l'École spéciale des langues orientales vivantes.

MM. SAINT-MARTIN, membre de l'Institut, conservateur-administrateur de la bibliothèque de MONSIEUR.

SANDFORD-ARNOD, professeur de langues orientales.

SAULNIER fils.

SCHULZ (Fréd. Édouard), professeur de philosophie, à Giessen.

SCHWEIGHÆUSER, professeur à la Faculté de Strasbourg.

SELME fils.

SEMELET.

SIDNEY SMITH, amiral anglais.

Le vicomte SIMÉON, maître des requêtes.

SPENCER SMITH, membre de plusieurs sociétés savantes, à Caen.

STAHL.

GEO. TH. STAUNTON, membre du parlement, à Londres.

STEMPKOUSKI, colonel russe.

Le comte DE STIRLING, à Londres.

STRUBBERG, élève de l'École des langues orientales.

TAILLEFER, inspecteur de l'Académie de Paris.

TERNAUX aîné, ancien député.

THAYER (Édouard), élève de l'École polytechnique, théologue, ancien diplomate.

MM. Le colonel TOD.

DE TORCY, chef de bureau au ministère des affaires étrangères.

TOULOUZAN, homme de lettres, à Marseille.

TREBUTIEN, à Caen.

Le capitaine TROYER.

Le baron DE TURCKHEIM, ancien député, à Strasbourg.

VAUCELLE (Louis).

Le baron DE VILLEBOIS, maître des requêtes, directeur de l'Imprimerie royale.

VILLEMAIN, membre de l'Institut, professeur à la Faculté des lettres de l'académie de Paris.

VINCENT.

VULLERS (Jean), de Bonn.

WARDEN, ancien consul général des États-Unis.

WATSON, à Naples.

WETZER (Henri-Joseph), docteur en théologie, à Anzefahr.

WHITESIDE (Joseph-W.), membre du collége de la Trinité, à Dublin.

WISON, recteur de la chapelle Saint-Jean, à Londres.

WÜRTZ, négociant.

WYNCH, attaché au service civil de la compagnie anglaise des Indes.

ZOHRAB, docteur arménien.

S. Em. le cardinal ZURLA, à Rome.

LISTE

DES MEMBRES ASSOCIÉS ÉTRANGERS,

SUIVANT L'ORDRE DES NOMINATIONS.

MM. DE HAMMER (Joseph), conseiller actuel aulique, et interprète de S. M. l'Empereur, à Vienne.

IDELER, membre de l'Académie de Berlin.

WILKINS, à Londres.

LEE, à Cambridge.

MACBRIDE, professeur d'arabe, à Oxford.

WILSON (H. H.), secrétaire de la Société asiatique du Bengale, à Calcutta.

MARSHMANN (le rév. J.), missionnaire à Sirampour.

FRÆHN (le docteur Ch.-Martin), membre de l'Académie des sciences, à Saint-Pétersbourg.

OUWAROFF, conseiller d'état actuel de l'empire de Russie, président de l'Académie impériale, à Saint-Pétersbourg.

TYCHSEN (Thomas-Christian), professeur à l'Université, membre de l'Académie, à Gottingue.

MM. VAN DER PALM (Jean-Henri), professeur à l'Université de Leyde.

EICHHORN (Jean-Godefroy), professeur à l'Université et membre de l'Académie, à Gottingue.

Le comte CASTIGLIONI (Carlo-Ottavio), à Milan.

RICKETTS, à Londres.

DE SCHLEGEL (A.-W.), profess. à l'Université royale prussienne du Rhin, membre de l'Académie royale des sciences de Prusse, à Bonn.

GESENIUS (Wilhelm), professeur à l'Université, à Halle.

WILKEN, bibliothécaire du roi de Prusse, à Berlin.

PEYRON (Amédée), professeur de langues orientales, à Turin.

COLEBROOKE (H.-T.), directeur de la Société royale asiatique de la Grande-Bretagne et d'Irlande, à Londres.

HAMAKER, professeur de langues orientales, et interprète, à Leyde.

FREYTAG, professeur de langues orientales à l'Université, à Bonn.

DEMANGE, attaché au ministère des affaires étrangères de l'empire de Russie.

CHARMOY, attaché au ministère des affaires étrangères de l'empire de Russie.

Le capitaine LOCKETT (Abraham), secrétaire du conseil du collége du fort William, à Calcutta.

HARTMANN, à Marbourg.

MM. Delaporte, vice-consul de France, à Tanger.

Pareau (J.-Henri), à Utrecht.

Wilmet (Jean), membre de l'Institut de Hollande, à Amsterdam.

Kosegarten (Jean-Godefroi-Louis), professeur à l'Université d'Iena.

Bopp (François), à Berlin.

D'Ohsson, ambassadeur de Suède à la cour de Bruxelles.

Morrison (le rév. Rob.), missionnaire protestant à Canton, et interprète du comité de la compagnie des Indes dans cette ville.

Haughton (Graves Chamney), professeur de langues orientales au collége d'Hertford.

Wyndham Knatchbull, à Oxford.

Le baron Schilling de Canstadt, membre du collége des affaires étrangères, à Saint-Pétersbourg.

Mirza-Saleh, ministre de la cour de Perse, à Saint-Pétersbourg.

Schmidt (I.-J.), à Saint-Pétersbourg.

Habicht (Maximilien), docteur en philosophie, professeur d'arabe à Breslau.

Haughton (N.), professeur d'hindoustani au séminaire militaire d'Addiscombe, à Croydon.

Moor (Ed.), de la Société royale de Londres et de celle de Calcutta.

MM. Le chevalier D'ITALINSKY, ministre de S. M. l'empereur de Russie, à Rome.

Le baron D'ALTENSTEIN, ministre du culte et de l'instruction publique du royaume de Prusse.

DE SPERANSKI, gouverneur général de la Sibérie.

SHAKESPEAR, professeur de langues orientales au séminaire militaire de la compagnie des Indes, à Croydon.

CAREY (W.), professeur de langues samscrite, bengali et mahratte, à Sirampour.

GILCHRIST (John Borthwick), professeur d'hindoustani, à Londres.

OTHMAR FRANK, docteur en philosophie, professeur de langues orientales à l'Académie royale des sciences de Munich.

RAH-M HUN-ROY, à Calcutta.

Le baron DE HUMBOLDT (Guillaume), à Berlin.

LIPOVZOFF, interprète pour les langues tartares, à Pétersbourg.

ÉLOUT, secrétaire de la haute régence des Indes, membre de la Société des arts et des sciences, à Batavia.

WAREN.

RÉGLEMENT
DE LA SOCIÉTÉ ASIATIQUE

§ I.er

BUT DE LA SOCIÉTÉ.

Article premier.

La Société est instituée pour encourager l'étude des langues de l'Asie.

Celles de ces langues dont elle se propose plus spécialement, mais non exclusivement, d'encourager l'étude, sont :

1.° Les diverses branches (tant en Asie qu'en Afrique) des langues sémitiques;

2.° L'arménien et le géorgien;

3.° Le grec moderne;

4.° Le persan et les anciens idiomes morts de la Perse;

5.° Le samskrit et les dialectes vivans dérivés de cette langue;

6.° Le malais et les langues de la presqu'île ultérieure et citérieure de l'Archipel oriental;

7.° Les langues tartares et le tibétain;

8.° Le chinois.

Art. II.

Elle se procure les manuscrits asiatiques; elle les

répand par la voie de l'impression; elle en fait faire des extraits ou des traductions. Elle encourage en outre la publication des grammaires, des dictionnaires et autres ouvrages utiles à la connaissance de ces diverses langues.

ART. III.

Elle entretient des relations et une correspondance avec les Sociétés qui s'occupent des mêmes objets, et avec les savans asiatiques ou européens qui se livrent à l'étude des langues asiatiques, et qui en cultivent la littérature. Elle nomme, à cet effet, des associés correspondans.

§ II.

ORGANISATION DE LA SOCIÉTÉ.

ARTICLE PREMIER.

Le nombre des membres de la Société est indéterminé. On en fait partie, après avoir été présenté par deux membres et avoir été reçu à la pluralité des voix, soit par le Conseil, soit par l'assemblée générale.

ART. II.

Indépendamment des dons qui pourront être offerts à la Société, chaque membre paie une souscription annuelle de trente francs.

ART. III.

Les membres de la Société nomment un Conseil, et sont convoqués, au moins une fois l'an, pour entendre un rapport sur les travaux, sur l'emploi des fonds, et pour nommer les membres du Conseil.

§ III.

ORGANISATION DU CONSEIL.

Article premier.

Le Conseil se compose,
D'un président honoraire,
Un président,
Deux vice-présidens,
Un secrétaire,
Un secrétaire-adjoint et bibliothécaire,
Un trésorier,
Trois commissaires pour les fonds,
Vingt-quatre membres ordinaires.

Art. II.

Le président honoraire est nommé pour cinq ans, ainsi que le secrétaire; le président, les vice-présidens, le secrétaire-adjoint, le trésorier et les commissaires des fonds, sont nommés chaque année, et tous ces membres sont rééligibles. Les vingt-quatre autres membres sortent par tiers, et à tour de rôle, chaque année. Ils peuvent être réélus. Le sort désignera, les deux premières années, ceux qui devront sortir.

Art. III.

L'élection de membres du Conseil aura lieu à la majorité relative des suffrages.

Art. IV.

L'assemblée générale nomme, chaque année, parmi

les membres restans du Conseil, deux censeurs chargés d'examiner les comptes de l'année précédente, et de lui en faire un rapport à la plus prochaine assemblée générale.

Art. V.

Le Conseil est chargé de diriger les travaux littéraires qui entrent dans le plan de la Société, ainsi que du recouvrement et de l'emploi des fonds; il ordonne l'impression des ouvrages qu'il reconnaît utiles; il en fait faire des traductions ou des extraits; il examine les ouvrages relatifs au but de la Société; il donne des encouragemens; il nomme les associés correspondans; il fait l'acquisition des manuscrits et des ouvrages asiatiques, lorsqu'il le croit convenable.

Art. VI.

Le secrétaire de la Société fait un rapport annuel des travaux du Conseil et de l'emploi des fonds. Ce rapport sera imprimé avec la liste des souscripteurs, le montant des dons pécuniaires ou des offrandes en livres, manuscrits, objets d'arts, &c., faits à la Société, avec les noms des donateurs.

Art. VII.

Le Conseil se réunit en séance ordinaire au moins une fois par mois. Tous les membres souscripteurs de la Société sont admis à ses séances, et peuvent y faire les communications qui leur paraissent utiles.

Art. VIII.

Le Conseil s'occupera le plutôt possible des moyens

de rédiger, sous le titre de *Journal asiatique*, un recueil littéraire qui paraîtra à des époques plus ou moins rapprochées, et qui sera donné *gratis* aux souscripteurs de la Société.

ART. IX.

Les membres de la Société pourront acquérir chacun un exemplaire des ouvrages qu'elle publiera, au prix coûtant.

§ IV.

COMPTABILITÉ.

ARTICLE PREMIER.

La commission des fonds présente au Conseil d'administration, dans le premier mois de l'année, l'aperçu des recettes et dépenses pour l'année qui commence.

Le Conseil d'administration détermine en conséquence, pour l'année entière, les dépenses ordinaires et fixes, et assigne, pour l'année aussi, un *maximum* pour les dépenses de bureau, les autres menus frais journaliers et variables.

ART. II.

Les dépenses extraordinaires, proposées pendant le cours de l'année, sont arrêtées par le Conseil d'administration, après avoir pris préalablement l'avis de la commission des fonds.

ART. III.

Les délibérations du Conseil d'administration, portant autorisation d'une dépense, sont immédiatement transmises à la commission des fonds par un extrait signé du président et du secrétaire de la Société.

Art. IV.

La commission des fonds tient un registre dans lequel sont énoncées au fur et à mesure les dépenses ainsi autorisées, avec indication de l'époque à laquelle leur paiement est présumé devoir s'effectuer.

Art. V.

Dans le cas où une dépense serait arrêtée par la Société seulement en principe et sur une évaluation approximative, cette dépense sera portée pour son *maximum* au registre prescrit par l'article précédent.

Dès que le projet de dépense donne lieu à un engagement de la Société, on assigne les fonds nécessaires pour l'acquitter à l'échéance, de manière que le paiement ne puisse, en aucun cas, éprouver ni incertitude, ni retard.

Art. VI.

Toute somme allouée pour une dépense extraordinaire ordonnée par le Conseil, reste affectée d'une manière spéciale pour l'objet désigné : elle ne peut être détournée de sa destination et appliquée à un autre service que sur une nouvelle décision du Conseil, prise selon la forme indiquée dans l'art. 2.

Art. VII.

Il pourra cependant admettre en principe la proposition de faire imprimer de nouveaux ouvrages au fur et à mesure que les facultés pécuniaires de la Société le permettront, mais sans que cela lie la Société et l'empêche de donner la préférence à tous autres ouvrages qui lui seraient présentés postérieurement, et dont elle jugerait la publication plus opportune ou plus utile.

Art. VIII.

La commission des fonds tient un registre dans lequel sont contenus tous ses arrêtés portant mandat de paiement.

Lesdits arrêtés doivent être signés au moins de la majorité des membres de la commission.

Art. IX.

Les dépenses sont acquittées par le trésorier, sur un mandat de la commission des fonds, accompagné des pièces de dépenses visées par elle; ces mandats rappellent les délibérations du Conseil d'administration par lesquelles les dépenses ont été autorisées.

Le trésorier n'acquitte aucune dépense, si elle n'a été préalablement autorisée par le Conseil d'administration et ordonnancée par la commission des fonds.

Art. X.

Le trésorier et les membres de la commission des fonds se réunissent en séance particulière une fois chaque mois; dans cette séance sont traitées toutes les affaires sur lesquelles la commission est appelée à délibérer. On y dresse l'état mensuel de situation des fonds, pour le présenter au Conseil d'administration.

Cet état est transcrit sur le registre de la commission, ainsi que le procès-verbal de chaque séance particulière.

ART. XI.

Tous les six mois, en septembre et en mars, la commission des fonds fait d'office connaître la situation réelle de la caisse, en indiquant les sommes qui s'y trouvent et celles dont elle est grevée, soit pour les dépenses fixes et variables, soit pour les dépe[illegible]es extraordinaires, de façon que le Conseil d'administration puisse toujours savoir quelle est la quotité exacte des valeurs disponibles.

ART. XII.

A la fin de l'année, le trésorier présente son compte à la commission des fonds, qui, après l'avoir vérifié, le soumet à l'assemblée générale, pour être arrêté et approuvé par elle. La délibération de l'assemblée générale sert de décharge au trésorier.

ARTICLES ADDITIONNELS,

RELATIFS À LA SURVEILLANCE DES TRAVAUX ORDONNÉS POUR LE COMPTE DE LA SOCIÉTÉ;

Adoptés par le Conseil, dans sa Séance du 3 juillet 1827.

Le conseil de la Société asiatique, considérant :

1.° Que, par le réglement du 4 juillet 1825, il a été suffisamment pourvu à la surveillance qui doit être exercée sur l'exécution des ouvrages ordonnés par le Conseil, pour le compte de la Société, et aux mesures convenables pour que le Conseil soit toujours instruit des progrès desdits travaux;

2.° Que, par les divers articles du réglement du 3 juillet 1826, il a été statué sur les formes à observer, soit par le Conseil, soit par la commission des fonds, toutes les fois qu'il s'agit d'ordonner un travail qui doit donner lieu à une dépense, et d'ouvrir un crédit spécial pour son exécution;

3.° Que néanmoins il pourrait arriver qu'un travail ordonné et pour lequel il a été ouvert un crédit spécial, entraînât la Société dans une dépense plus forte que celle qui avait été prévue, soit parce que l'évaluation primitive aurait été faite d'après des bases peu exactes, soit parce que, dans le cours même de l'exécution, le desir d'améliorer un ouvrage et de le rendre plus utile, aurait engagé l'auteur à lui donner plus d'étendue qu'il ne l'avait d'abord pensé, ou à y joindre des accessoires qui n'auraient pas été compris dans l'évaluation primitive;

4.° Que, par suite de cela, la balance des recettes et des dépenses établies par le budget annuel, se trouverait dérangée, et la Société engagée à son insu dans des dépenses plus fortes que les crédits ouverts; et voulant prévevenir ces inconvéniens,

A arrêté ce qui suit:

ARTICLE PREMIER.

Outre le compte verbal qui, aux termes de l'art. 2 du réglement du 4 juillet 1825, doit être rendu, à chaque séance du Conseil, des progrès des divers ouvrages ordonnés par les personnes chargées d'en suivre respectivement l'exécution, il sera, dans la première séance des mois de juin et de décembre de chaque année, rendu un compte général de la situation de tous les travaux ordonnés, de quelque nature qu'ils puissent être, et pour lesquels il aurait été ouvert des crédits, de la dépense à laquelle ils auront donné lieu pendant les six mois précédens, et de celle que nécessitera leur entier achèvement.

ART. II.

A cet effet, le Conseil nommera, chaque année, dans la séance qui suivra la séance générale de la Société, une commission de trois de ses membres. Cette commision portera le titre de *Commission de surveillance des travaux entrepris pour le compte de la Société.*

ART. III.

Les membres du Conseil, auteurs ou éditeurs des travaux ordonnés et non encore terminés, et les membres de la commission des fonds, ne pourront point être membres de la commission dont la formation est prescrite par l'art 2. Les membres de ladite commission pourront être réélus immédiatement.

ART. IV.

La commission devra se faire remettre, dans le cours du mois qui précédera la séance où elle doit faire son rapport, soit par les commissaires spéciaux chargés de veiller à l'exécution de chacun des travaux ordonnés, soit par les imprimeurs, graveurs, traducteurs ou autres personnes employées auxdits travaux, tous les renseignemens qui devront servir de bases à son rapport et en garantir l'exactitude.

ART. V.

S'il résulte du rapport de la commission que le crédit ouvert pour un travail ordonné ne sera point dépassé et qu'il n'excède point notablement la dépense à laquelle ce travail doit donner lieu, il n'y aura point ouverture à une délibération.

ART. VI.

Dans le cas où le crédit ouvert excéderait notablement la dépense à laquelle il s'applique, le Conseil pourra réduire le crédit primitif et appliquer le *boni* résultant de cette réduction à un autre objet.

Art. VII.

Si, au contraire, il est reconnu que le crédit ouvert est insuffisant, pour quelque motif que ce soit, le Conseil devra en délibérer, à l'effet, soit de prendre les mesures convenables pour que la dépense n'excède pas le crédit primitif, soit d'ouvrir un crédit supplémentaire. Dans ce dernier cas, la commission des fonds devra être consultée, et il ne sera ouvert un nouveau crédit, s'il y a lieu, que d'après son rapport.

Art. VIII.

Il n'est, au surplus, aucunement dérogé, par le présent réglement, à ceux des 4 juillet 1825 et 3 juillet 1826.

Ct

LISTE DES OUVRAGES

PUBLIÉS PAR LA SOCIÉTÉ ASIATIQUE.

Choix de Fables arméniennes du docteur Vartan, accompagné d'une traduction littérale en français, par M. J. Saint-Martin. Un volume *in-8.°* grand raisin vélin fort, collé et satiné ; 3 fr. 50, et 1 fr. 50 c. pour les membres de la Société.

Élémens de la Grammaire japonaise, par le P. Rodriguez, traduits du portugais sur le manuscrit de la bibliothèque du Roi, et soigneusement collationnés avec la grammaire publiée par le même auteur, à Nagasaki, en 1604, par M. Landresse; précédés d'une explication des syllabaires japonais, et de deux planches contenant les signes de ces syllabaires, par M. Abel-Rémusat. *Paris,* 1825 : 1 vol. *in-8.°*; 7 fr. 50 c., et 4 fr. pour les membres de la Société.

Supplément à la Grammaire japonaise, par MM. G. de Humboldt et Landresse. *In-8.°*, br. 2 fr., et 1 fr. pour les membres de la Société.

Essai sur le pali, ou langue sacrée de la presqu'île au-delà du Gange, avec six planches lithographiées, et la Notice des manuscrits palis de la bibliothèque du Roi, par MM. E. Burnouf et Lassen, membres de la Société asiatique. Un vol. *in-8.°*, papier grand-raisin, orné de six planches; 12 fr., et 6 fr. pour les membres de la Société.

Meng-Tseu ou Mencius, le plus célèbre philosophe chinois après Confucius; traduit littéralement en latin, et revu avec soin sur la version tartare-mandchoue, avec des notes perpétuelles tirées des meilleurs commentaires; par M. Stan. Julien. Trois livraisons; 2 vol *in-8.°* (texte chinois lithographié et traduction), chaque livraison 9 fr., et 6 fr. pour les membres de la Société.

La quatrième et dernière livraison est sous presse.

YADJNADATTABADA, OU LA MORT D'YADJNADATTA, épisode extrait du Ramayana, poëme épique samscrit; donné avec le texte gravé, une analyse grammaticale très-détaillée, une traduction française et des notes, par A. L. Chézy, de l'Académie des inscriptions et belles-lettres; et suivi, par forme d'appendice, d'une traduction latine littérale par J.-L. Burnouf, un de ses anciens auditeurs, aujourd'hui son collègue au Collége royal de France. 1 vol. *in-4.°*, orné de 15 planches; 15 fr., et 6 fr. pour les membres de la Société.

VOCABULAIRE GÉORGIEN, rédigé par M. Klaproth. 1 vol. *in-8.°*

Le prix de cet ouvrage sera fixé au moment de la mise en vente.

POËME SUR LA PRISE D'ÉDESSE, texte arménien, revu par MM. Saint-Martin et Zohrab. 1 vol. *in-8.°*

Le prix de cet ouvrage sera fixé au moment de la mise en vente.

SACONTALA, drame indien, publié d'après le manuscrit de la bibliothèque du Roi, avec une traduction nouvelle et des notes, par M. Chézy.

Le texte samscrit est imprimé et sera publié avec la traduction.

Nota. MM. les membres de la Société doivent retirer les ouvrages dont ils veulent faire l'acquisition, à l'agence de la Société, rue Taranne, n.° 12. Le nom de l'acquéreur sera porté sur un registre, et inscrit sur la première feuille de l'exemplaire qui lui aura été délivré en vertu du réglement.

LISTE DES OUVRAGES

OFFERTS DANS LE COURANT DE L'ANNÉE 1827, ET LES TROIS PREMIERS MOIS DE 1828.

Par M. Garcin de Tassy. Doctrines et devoirs de la religion musulmane, tirés du Coran. 1 vol. *in-18*, Paris, 1826.

M. Beuzelin. Nouvelle Méthode pour étudier l'hébreu, suivie de l'histoire de Ruth et d'un petit vocabulaire hébreu-français. 1 vol. *in-18*, Paris, 1827.

M. Fræhn. Sur les monnaies kufiques du musée Sprewitz de Moscou. 1 vol. *in-4.°*, Pétersbourg, 1825.

M. L. J. Schmidt. Réfutation de l'ouvrage intitulé Recherches sur l'histoire des peuples de l'Asie centrale, par M. Klaproth. 1 vol. *in-8.°* (en allemand).

La Société asiatique de Calcutta. Asiatic Researches, tome XV, *in-4.°*

M. Wynch. The Daya-crama-Sangraha, or original Treatise on the hindoo law of inheritance. Calcutta, 1818, 1 vol. *in-4.°*

M. Letellier. Choix de fables traduites en turc, avec une version française. Paris, 1826, *in-8.°*

M. de Sacy. Chrestomathie arabe, 3 vol. *in-8.°*

M. le colonel Fitz-Clarence. Journal of a route across India through Egypt to England. Londres, 1 vol. *in-4.°*

M. Ouwaroff. Discours prononcé à une séance solennelle de l'Académie des sciences de Saint-Pétersbourg. *in-8.°*

M. Klaproth. Deux lettres sur les hiéroglyphes acrologiques. *in-8.°*

M. J. Vullers. Harethi Moallaca cum scholiis Zuzeni, &c. *in-4.°*

M. de Chézy. Théorie du sloka ou mètre héroïque samskrit. *in-4.°*

Par M. DUSSON. Psaumes de David en hébreu avec des lettres françaises et une version latine en regard. 1 vol. *in-18*. Paris, 1827.

M. ROSENZWEIG. Poëme du Borda, traduit en allemand. 1 vol. *in-fol.*

M. KING. Manuscrit arabe sur la valeur des lettres dans les talismans et les opérations astrologiques. 1 vol. *in-4.°*

Trois copies d'inscriptions arabes tirées de la cathédrale de Tarragone et de l'hôtel de ville de Palma.

M. REINAUD. *Pendeh-i-attar.* The counseils of Attar, edited from a persian manuscrit by J. H. Hindley. Londres, 1809, 1 vol. *in-12.*

M. FRANK. Vjasa über Philosophie, Mythologie, Litterature und Sprache der Hindu. 1 vol. *in-4.°*

M. BURNOUF père. Œuvres de Tacite (histoires). 2 vol. *in-8.°*

M. C. P. J. ELOUT. Dictionnaires malai, hollandais et f. ançais, et français-malai. 2 vol. *in-4.°*

M. N. BIDDLE. Eulogium on Thomas Jefferson delivered before the American philosophical Society. *In-8.°*

M. César MOREAU. Chronological records of the British royal and commercial navy from the earliest period A. D. 827 to the present time 1827. *In-fol.* oblong lithographié.

East India Company's Records found is on official documents shewing a Wiew of the past and present state of the British possessions in India. *In-fol.*

Rise and progress of the silk trade in England from the earliest period to the present time febr. 1826. *In-fol.* lithogr.

Commerce d'exportation de la Grande-Bretagne, et état du commerce de la Grande-Bretagne avec toutes les parties du monde. 2 feuilles *in-fol.*

Par M. DE HAMMER. Histoire de l'Empire ottoman ; tomes I et II, *in-8.°*

M. CH. STEWART. The History of Bengal from the first Mohammedan invasion untill the virtual conquest of the country by the English A. D. 1757. 1 vol. *in-4.°*

M. DE LA ROQUETTE. Notice sur l'île d'Hai-nan, sur les religieux de la mission de la Chine, et sur les Chinois. *In-8.°*

M. W. MARSDEN. Annales du royaume d'Atchin (Atché) à Sumatra. Manuscrit malai, *in-8.°*

M. le marquis DE FORTIA D'URBAN. Histoire du Hainaut de Jacques de Guise. 4 vol. *in-8.°*

M. GRANGERET DE LA GRANGE. Le Coran, avec des notes et un abrégé de la vie de Mahomet, par Savary. 2 vol. *in-8.°*

S. E. LE MINISTRE DES AFFAIRES ÉTRANGÈRES. The seven Seas, a dictionary and grammar to the persian language. 7 vol. *in-fol.*

M. MORIS. Relation des voyages de Sidy-Aly, nommé Katibi-Roumi ; trad. de l'allemand de Diez, par M. Moris. 1 vol. *in-8.°*

M. KLAPROTH. Tableau historique, géographique, ethnographique et politique du Caucase, et des provinces limitrophes entre la Russie et la Perse. 1 vol. *in-8.°*

LA SOCIÉTÉ BIBLIQUE BRITANNIQUE ET ÉTRANGÈRE.
Rapports annuels de 1805 à 1827, *in-8.°*
Les Évangiles en éthiopien. 1 vol. *in-4.°*
Les Psaumes en copte et en arabe, *in-8.°*
Nouveau Testament en arabe, *in-8.°*
Nouveau Testament en indien, *in-8.°*
La Genèse, les Proverbes et Isaïe en indoustani, *in-8.°*
Nouveau Testament en indo-portugais, *in-8.°*
Nouveau Testament en tartare-turc, *in-4.°*

Par M. Saint-Martin. Relation d'un Voyage en Europe, à la fin du xv.e siècle, par M. Martyr, évêque d'Arzendjan; trad. de l'arménien par M. Saint-Martin. *In-8.°*

MM. Geringer-Marlet, Chabrelie et Burnouf fils. L'Inde française, collection de dessins lithographiés, avec le texte.—Livraisons 1 à 8, *in-fol.*

M. Jouannin, au nom de l'auteur, Dictionnaire persan-arménien-turc, par Douz-oglou, imprimé à Constantinople. 1 vol. *in-4.°*

M. Lassen. De Pentapotamiâ indicâ Commentatio geographica atque historica, *in-4.°*

M. Berggren. Resor e Europa och Osterlanderne 2 vol. *in-8.°*; Stockholm, 1826.

M. Parbau. Antiquitas hebraïca breviter descripta. *In-8.°*

M. Fortia d'Urban. Tableau chronologique des événemens rapportés par Tacite, et antérieurs à l'avénement de Tibère. *In-8.°*

M. Fréd. Rosen. Radices sanskritæ. *In-8.°*

MM. Arnot et Forbes. Clavis orientalis, or Lecture card of the London oriental Institution. *In-4.°*

M. Jomard. Lettre à M. Abel-Rémusat sur une nouvelle mesure de coudée trouvée à Memphis. *In-4.°*

M. Grangeret de la Grange. Anthologie arabe, ou Choix de poésies arabes inédites. *In-8.°* 1828.

M. D. B. Warden. Recherches sur les antiquités de l'Amérique septentrionale. *In-4.°* 1828.

M. Brosset jeune. L'Imitation de J.-C. en grec, par Maïr. *In-18.*

M. Bruguière. Des montagnes de la terre, avec deux tableaux, et un appendice des cascades les plus remarquables. 1 vol. *in-8.°*

M. d'Ohsson. Des peuples du Caucase, et des pays au nord de la Mer Noire et de la Mer Caspienne, dans le x.e siècle. 1 vol. broch. *in-8.°*

Par M. JOMARD. Mémoire sur la population comparée de l'Égypte ancienne et moderne, *in-fol.*

M. BELLENGER. Dictionnaire birman. 1 vol. *in-8.°*

M. SCHRODER. Catalogus numorum cuficorum in numophylacio academico upsaliensi. *In-4.°*

M. AGOUB. La Lyre brisée, dithyrambe trad. en arabe. Broch. *in-8.°*

M. SP. SMITH. Le Voyageur, discours en vers de A. B. de Sorsum, trad. en anglais. *In-8.°*

M. le comte D'HAUTERIVE. Méthode pour se former à une prononciation des langues étrangères, extrait d'un ouvrage inédit. *In-8.°*

M. BROSSET. Essai sur le Chi-king, et sur l'ancienne poésie chinoise. *In-8.°*

LA SOCIÉTÉ DE GÉOGRAPHIE. Recueil de Voyages et de Mémoires publiés par la Société. 2.e vol. 2.e partie. *in-4.°*

M. H. WILSON. Select Specimens of the theatre of the Hindus, translated from the original sanskrit. Calcutta, 1827, 3 vol. *in-8.°*

M. C. T. JOHANNSEN. Histoire du Yémen. Bonn, 1828, *in-8.°*

M. J. J. SCHMIDT. Sur les liaisons des doctrines gnostiques avec le bouddhisme. Leipsic, 1828, *in-4.°*

M. RHENIUS. Principes de traduction des Saintes Écritures, appliqués au tamoul. Nagercoil, 1827, *in-8.°*

M. W. AINSLIE. Materia indica, or some Account of those article, which are employed by the Hindous and other eastern nations in theirs medecine, arts, agriculture, &c. London, 1828, 2 vol. *in-8.°*

M. SÉMELET. Le Gulistan, ou Parterre de fleurs du cheïkh Moslih-eddin Sadi de Chiraz. Édition autographique, Paris, 1828, 1 vol. *in-4.°*

M. LEWCHINE. Notice historique et géographique sur le fleuve Sir ou Sihoun, *in-8.°*

Par M. LAUTERBACH. Sur la prétendue traduction des œuvres de Confucius, du Docteur G. Schotts. Leipsic, 1828, broch. *in-8.°*

M. REY. Mémoires sur le mouton Purick, et sur la brebis du Sifan. 2 broch. *in-8.°* Paris, 1828.

Voyez, pour les autres ouvrages offerts à la séance générale, ci-dessus, pag. 7.

TABLE.

Société Asiatique.

www.ingramcontent.com/pod-product-compliance
Lightning Source LLC
LaVergne TN
LVHW020422230826
846091LV00004B/1374

* 9 7 8 2 0 1 3 6 3 0 7 8 8 *